"Chino es un hombre que el Espíritu de Dios lo convirtió en niño de corazón. Su transformación ha sido una demostración de las grandezas de Dios. ¡Norma es una mujer de armas tomadas! La vi cómo tomó las verdades de la Palabra de Dios y las hizo suyas, batallando por su esposo en el Espíritu, hasta que venció. Me alegra tanto ser amigo de esta hermosa pareja que honran a Dios con la palabra de su testimonio. Es un deleite sembrar en gente como ellos porque todo lo sembrado da mucho fruto.

"Lo excelente y extraordinario de este libro escrito por ellos es que lo que comparten son puras experiencias en el ejercicio de poner la Palabra de Dios por obra. Al leer este libro, serán edificados e inspirados por una familia que estuvo destinada al fracaso, pero en su angustia invocaron a Dios, y Él los oyó."

—REY MATOS
PASTOR PRINCIPAL DE IGLESIA MINISTERIO CRISTIANO CATACUMBA #5 Y AUTOR DE
LA MUJER, EL SELLO DE LA CREACIÓN

"Abrir el corazón y compartir experiencias que se han vivido resulta un acto de gran valentía. Reynaldo y Norma pasaron por momentos muy difíciles en su relación matrimonial y personal, pero Dios les dio la victoria. Hoy comparten esos hechos en este libro, con el fin de dar a conocer cómo Jesús llegó y transformó el caos y la desesperación en un hogar de paz y gran bendición. Sé que gracias a esta lectura, su fe y confianza en Dios crecerá hasta obtener la victoria en cualquier situación que usted esté atravesando. También encontrará las herramientas necesarias para enfrentar esos conflictos matrimoniales que pensamos que no tienen solución. Felicito a esta hermosa pareja de ministros. Reynaldo y Norma, les amo y bendigo. Gracias por esta gran aportación que bendecirá a miles de familias."

—WANDA ROLÓN
APÓSTOL DEL MINISTERIO INTERNACIONAL LA SENDA ANTIGUA
Y AUTORA DE *NO MORIRÉ*

"*El amor que triunfa*, el primer libro de Reynaldo y Norma Santiago, es una genuina aportación a la conquista de la relación matrimonial y de la familia, a pesar del adulterio. La narración realista desde ambos puntos de vista, el hombre y la mujer, cubre cada detalle de las vivencias y del proceso transformador. Esta es la historia verídica y realista del amor ágape de Dios reclamado con una fe activa, y cómo ese amor encontró expresión en el compromiso de un hombre, el perdón de una esposa y la aceptación de unos hijos que entendieron los frutos del arrepentimiento. Muchas víctimas del adulterio desearán haber leído este libro antes de haberse divorciado. Otras parejas que lo lean verán el poder y la luz de Dios en un hogar restaurado."

—OFELIA PÉREZ, AUTORA DE *¡NECESITO A PAPÁ!*

"En momentos de tanta necesidad para la familia de hoy, nace este aceite fresco, este bálsamo, el cual nos da herramientas necesarias para afincarnos más con Dios. Creo que este libro, que nos confronta en muchas áreas de nuestras vidas, nos llevará como familias (padres, madres e hijos) a otro nivel de mayor madurez, con la plena confianza en que Jesús ¡sí liberta, sana y restaura! Declarando que Él lo hará también en la tuya, ¡bendiciones!"

—BABBY & WANDA COLÓN
PASTORES DEL CENTRO CRISTIANO FRUTO DE LA VID, HOUSTON, TEXAS

"Cuando Reynaldo Santiago y su esposa Norma decidieron servirle al Señor, sus vidas cambiaron radicalmente, pero eso no fue lo único que ocurrió. Con altos honores superaron todos los obstáculos y permanecieron juntos en una indestructible relación matrimonial que sirve de ejemplo a sus hijos. Demostraron que su decisión de seguir a Cristo no fue basada en emociones ni para escapar de los problemas que el mundo les produjo, sino porque hay un llamado en sus vidas y ya había llegado el tiempo de obedecerlo. Sus vidas y sus testimonios se ven plasmados en estas páginas que cuentan la historia de una familia transformada por el poder de Dios, para sanar y restaurar los matrimonios y las familias que estén al alcance de sus palabras."

—OTONIEL FONT
PASTOR DE IGLESIA FUENTE DE *AGUA VIVA* Y AUTOR DE
DE UN SUEÑO AL PALACIO

El AMOR QUE TRIUNFA

REYNALDO Y NORMA SANTIAGO

CASA
CREACIÓN

La mayoría de los productos de Casa Creación están disponibles a un precio con descuento en cantidades de mayoreo para promociones de ventas, ofertas especiales, levantar fondos y atender necesidades educativas. Para más información, escriba a Casa Creación, 600 Rinehart Road, Lake Mary, Florida, 32746; o llame al teléfono (407) 333-7117 en Estados Unidos.

El amor que triunfa por Reynaldo y Norma Santiago
Publicado por Casa Creación
Una compañía de Charisma Media
600 Rinehart Road
Lake Mary, Florida 32746
www.casacreacion.com

Edición por: Ofelia Pérez
Diseño de la portada: Justin Evans
Foto tomada por: Ferdinand Rodríguez de Betances Photo Studio
Director de diseño: Bill Johnson

Library of Congress Control Number: 2012936566
ISBN: 978-1-61638-560-6
E-book ISBN: 978-62136-111-4

12 13 14 15 16 * 5 4 3 2 1
Impreso en los Estados Unidos de América

¡Qué bueno que te diste la oportunidad de adquirir este libro que sé que va a ser de bendición a tu vida, tocará tu corazón y transformará tu vida capítulo a capítulo! A través de las páginas de este libro derramo mi corazón ante ti, varón. Hoy humildemente te ofrezco mi testimonio, no solamente de cómo Dios llegó a mi vida, sino también del desastre que yo era como hombre, esposo y sacerdote de mi casa, hasta que llegó Jesús. Este libro te ayudará, te dará herramientas y hasta abrirá tus ojos en áreas que a lo mejor crees que estás bien y no necesariamente es así. No importa si has tocado fondo y has perdido tu familia, ni siquiera si estás pecando en este mismo instante y tratas de justificar tu conducta una y otra vez con diferentes argumentos, estás a tiempo de darte la oportunidad de tener una vida plena en Dios junto a la mujer que escogiste y junto a tus hijos, que son tu heredad y te necesitan.

No cometas más errores. Yo cometí muchos y pagué el precio, y también las consecuencias. No pierdas el tiempo que yo perdí. Lo que tú estás viviendo ya yo lo viví, lo que estás pensando ya yo lo pensé, lo que has hecho ya yo lo hice y gracias a Dios lo dejé atrás. Dios te está buscando y te espera como esperó por mí. Date la oportunidad de verte en el espejo de lo que fue mi vida y toma la decisión de comprometerte a vivir en la verdad, como yo lo pude hacer. Con la ayuda de Dios y tu compromiso, te aseguro que tendrás la vida plena, feliz y en bendición que tanto anhelas.

Bendiciones,

Reynaldo Santiago

DEDICATORIA

DEDICAMOS ESTE LIBRO a nuestro amado, al Rey de nuestro corazón, al eterno Rey de gloria, Jesucristo. En tu Palabra encontramos sabiduría, conocimiento y verdad. Ella nos ha hecho conquistar lo que nos pertenece y nos ha dado identidad en ti. Gracias por darnos al maravilloso amado Espíritu Santo que nos dirige en todo tiempo, nos guía hacia al Padre y nos redarguye de todo pecado. Gracias al Padre, por darnos a su hijo Jesucristo para nuestra redención y salvación. Todo lo que somos se lo debemos a ustedes: Dios Padre, nuestro Señor Jesucristo y el Espíritu Santo. Son nuestros más grandes tesoros.

AGRADECIMIENTOS

Yo, Reynaldo, quiero primeramente agradecer a nuestro Dios Padre, Hijo y Espíritu Santo Todopoderoso por haber puesto sus ojos sobre mí y acudir en rescate de mi vida. Gracias y todo mi amor a mi esposa Normi por haber perseverado en oración con su fe en que Dios podía hacer el milagro en mí y en la restauración de nuestro matrimonio, además de ser mi escudera y la mujer idónea.

A nuestros hijos, nuestros tesoros, Shaja, Rey y Alo, gracias por su amor y por darnos el privilegio de guiarlos a través de la Palabra de Dios. Gracias por apoyarnos siempre y tener la confianza de decirnos lo que piensan, por más duro que sea. Gracias por soportar cada etapa de nuestra familia y por su perdón. Gracias por estar de acuerdo en decir "vamos pa'lante" y formar parte de nuestro ministerio. Los amamos.

A mis padres Patricio y Priscilla, gracias por amarme y ayudarme de la manera que lo hicieron. Los amo y estoy orgulloso de tenerlos como padres. Normi les ama mucho y les agradece que siempre nos han dado la mano incondicionalmente.

A mi hermano Ricky por siempre estar pendiente de mí y velar mis espaldas.

A mis suegros Jorge y Norma, gracias por aceptarme como su yerno a pesar de todo lo que sucedió en mi pasado. Normi les agradece su apoyo y ambos les amamos mucho.

A mi amigo, el obispo Junior Castillo, por ser el instrumento que Dios utilizó para traerme a los pies de Jesús. Estaré eternamente agradecido de tu intervención.

A los apóstoles Juan Luis y Angélica Calveti por su perseverancia conmigo y por ser los instrumentos de Dios para formarme como ministro e implantar el amor y el temor reverente hacia Dios y su Palabra.

De parte de Norma, reciban una gratitud especial: "Pastores Calveti, les agradezco y les honro porque no solo fueron mis pastores, sino también mis padres espirituales. Gracias por su tiempo, su amor y por enseñarme a vivir por fe y por la Palabra. Pastora Angélica, gracias por estar conmigo en los momentos más obscuros, cuando no podía ver. Me diste tu mano y me guiaste hasta ver la luz. ¡Me diste ese amor tan grande! Gracias por tu confianza, por darme la oportunidad de trabajar a tu lado, ser tu escudera y aprender de ti. Esa etapa fue la más bella de mi vida. Te amo".

Gracias a Giosue por ser mi amigo y mentor, discipulándome y siendo parte de mi familia.

A los pastores Robert "Babby" y Wanda Colón por ser mentores, amigos y confidentes, a quienes podemos abrir nuestros corazones, pues confiamos en su integridad como amigos y ministros. Ustedes supieron escucharnos, entendernos y reprendernos con amor. Los admiramos y amamos.

A mi amigo y hermano el pastor Orlando, gracias por tus consejos y ayuda para ver cumplido el milagro.

A Robert Hughes y su esposa Evelyn. Robert, tu decisión de pedir perdón a tu familia ese día, marcó mi vida para siempre. Te amo, hermano.

Al pastor Rey Matos, gracias por tu tiempo y por darnos tan certeros consejos. Fuiste de las pocas personas que pudieron entender nuestra situación y confrontarnos con amor y a través de la Palabra. Gracias por tus oraciones. Te amamos.

Al apóstol Guillermo Maldonado, quien llegó a mi vida y la transformó de una manera sobrenatural. Eres un padre espiritual enviado desde el cielo para afectar este tiempo y espacio, cambiando vidas y activando propósitos, llevándonos hacia el cumplimiento profético más allá de nuestras expectativas. Eres un ejemplo admirable.

Le agradecemos a la apóstol Wanda Rolón por aceptarnos en su casa y ser una bendición para nuestras vidas. Eres una mujer de autoridad e influencia sobrenatural para nuestra isla y las naciones, y una mujer de guerra y poder, a quien admiramos por tu firmeza y compromiso con Dios y su pueblo. Te amamos con todo el corazón; eres muy importante para nosotros. Sé más que bendecida y recibe siempre nuestro respeto y admiración.

Normi quiere reconocer también a:

Ricardo y Jazmín, por ayudarnos y preocuparse por nosotros. Jazmín, nunca olvidaré las veces que me llamaste para sostenerme y darme Palabra. Eres un ser muy especial y te amo mucho.

Linda Aguirre, gracias por ser mi primera mentora, soportar mis berrinches, mis griterías, mis llantos y todo lo que hace un bebé espiritual. Siempre fuiste ejemplo para mí. Pastora Lili, aprendí de ti lo que es ser una mujer de guerra y autoridad. Gracias por enseñarme a ser una mujer de guerra.

Pastor Pedro, tú me diste mi primera clase de bautismo y ¡cómo gocé ese tiempo hermoso! Fuiste el mejor.

Zuleima Calveti, gracias por ser tan sabia en tus consejos y ser, no solamente una mentora, sino un ejemplo vivo de lo que es ser una sierva de Dios en verdad. Te amo.

Al pastor Orlando y Daly, y Anita Ceruto, compañera en todo momento. ¡Qué muchas cosas pasamos!

Sheila, te amo, eres más que una amiga, eres mi hermana del alma; y Javier, ustedes son parte de nosotros. Los amamos.

Mariemma, no te me puedes quedar, mi amiga bella. Gracias por siempre ser una persona que me impulsa, por estar en los momentos más difíciles, ayudarme cuando más lo necesité y siempre hacerme reír. Te amo.

Centro Cristiano Fruto de la Vid, gracias. ¡Los honraré y amaré siempre!

A todos los que de una manera u otra fueron y son de bendición a nuestras vidas, sean todos más que bendecidos.

CONTENIDO

Parte III: Ante los ojos de los hijos

Parte IV: Para los matrimonios
por Reynaldo y Norma Santiago

PRÓLOGO

PARA MÍ SIEMPRE es una bendición y un gran privilegio escribir un prólogo para alguno de mis hijos espirituales. En este caso, me siento honrado de hacerlo para dos de ellos: Reynaldo y Norma Santiago, los autores de *El amor que triunfa*.

Este libro sale a la luz en un momento crucial para los matrimonios, la familia y los hijos, ya que constantemente están siendo atacados por el enemigo. Puedo testificar acerca de la vida de obediencia y humildad de Reynaldo y Norma. Ellos tuvieron que doblegarse ante Dios para lograr la restauración de su propio matrimonio. Definitivamente, el Señor sigue en el negocio de restaurar la familia. Creo que en este libro encontrará revelaciones importantes y claves, no sólo para encontrar la raíz de los problemas matrimoniales, sino para saber cómo resolverlos. Ellos hablan acerca de los vacíos que experimentan las personas y cómo tratan de llenarlos con diversas cosas, sin darse cuenta de que ese espacio sólo puede ser llenado por el Espíritu de Dios. Además nos hablan con sinceridad acerca de cómo pelear para salvar su familia.

Sin duda, los mejores testigos de un matrimonio son los hijos. Cuando ellos nos respetan y admiran es porque estamos haciendo las cosas bien. Por eso me alegra ver cómo el hijo de Reynaldo y Norma Santiago testifica del cambio logrado por sus padres. Palabras como "la admirable firmeza de mi papá" tocan mi corazón y nos sensibilizan cuando le oímos decir: "Esto era mi papá…Esto era mi mamá y ahora Dios los ha cambiado". Creo firmemente que este libro restaurará familias enteras. Les recomiendo que lo lean porque estoy seguro de que su vida también será transformada.

Los bendigo,

Apóstol Guillermo Maldonado
Ministerio Internacional El Rey Jesús, Miami, Florida

INTRODUCCIÓN

NUESTRAS VIVENCIAS PERSONALES y el ministerio que Dios puso en nuestras manos nos han llevado a conocer la gran necesidad de restauración en miles de matrimonios, que son la base de la familia. La alta incidencia de divorcios y separaciones nos dice que enfrentamos a un enemigo que hace creer a las parejas que están impotentes ante el adulterio y sus efectos fatales en la relación matrimonial.

El adulterio es un acto de traición contra Dios, contra la pareja a quien se juró fidelidad ante Dios y contra uno mismo porque el que adultera pierde el favor de Dios. Ante el adulterio, el hombre olvida por completo el orden de Dios, quien le encomendó ser el sacerdote del hogar desde su misma creación. La mujer, en su desesperación, olvida su crítico lugar como intercesora de su casa. Ninguno de los dos puede ver más solución que el divorcio o rompimiento permanente de la familia.

Si estás pasando por el adulterio y piensas que tu matrimonio está terminado y que nunca volverás a ser feliz con tu pareja, tenemos noticias. Nosotros vivimos en carne propia un terrible patrón de adulterio y hubo momentos cuando pensamos como tú y nos rendimos por el cansancio, la ignorancia y el dolor. Pese a todo, decidimos creer en el poder indestructible de la Palabra de Dios y el consejo y la guía infalibles del Espíritu Santo. Nos comprometimos con Dios y nos sometimos a quien todo lo puede, si le obedecemos y nos aferramos a su Palabra. Reconocimos la necesidad y el deber de rescatar el sacerdocio olvidado del hombre en su hogar. Entendimos, como queremos que tú entiendas, que la carne y el espíritu están en una continua batalla espiritual, y esa es la verdadera razón del pecado, específicamente el adulterio.

En nuestro ministerio nos inspira un llamado valiente y poderoso: restituir tu matrimonio. A pesar del adulterio, créenos que tu matrimonio todavía puede llegar a ser hasta más feliz, más estable y más firme que lo que nunca ha sido o imaginaste que podía llegar a ser. Las soluciones requieren tu compromiso de cambio y esfuerzo ante Dios y ante tu pareja, no solamente en cuanto a tu matrimonio, sino al estilo de vida que te llevó a donde estás. Necesitas rendirte totalmente al Espíritu Santo para que Él obre en ti y te ayude, porque sin Él nada podemos hacer. Debes aprender lo que da base a nuestras victorias: someterte incondicionalmente a Dios y a su Palabra y pelear la guerra espiritual con las armas que te da la Palabra.

Estamos dispuestos a guiarte hasta que te hayas afianzado en tu camino con Dios y en la restauración de tu familia; hasta que tú, varón, hayas vuelto a ser el sacerdote de tu hogar y tú, mujer, hayas desarrollado tu fuerza como guerrera espiritual de tu casa.

Oremos:

> *Padre Dios Todopoderoso, a ti la gloria y el honor. Te adoraremos y glorificaremos siempre. Espíritu Santo, oramos para que todo aquel que lea este libro reciba espíritu de sabiduría y conocimiento. Dale entendimiento y la fe necesaria para llegar a la meta. Llénalo de tu gloria y llévalo a un mover sobrenatural en ti. Oramos para que tú restaures su matrimonio. Entra y sana, entra y ordena todo lo torcido. En el nombre de Jesús, lo declaramos hecho y te damos gracias porque sabemos que nos has escuchado y así se hará. Lo declaramos hecho en el nombre poderoso de Jesús, amén, amén y amén.*

Prepárense para recuperar lo que hasta hoy creyeron perdido.

Bendiciones,

Reynaldo y Norma Santiago

Parte I:

AMOR, ADULTERIO, ACOSO DIVINO Y RESTAURACIÓN

POR REYNALDO SANTIAGO

Capítulo 1:

SIEMPRE TUVE SUEÑOS GRANDES

SIEMPRE TUVE SUEÑOS grandes porque soy hijo de un Dios sin límites. Estoy seguro de que mis sueños son de mi Padre, a quien me someto en obediencia todos los días para regir mi vida y llevar su Palabra a todo el que la necesita, cantando, hablando o predicando. La diferencia entre mis grandes sueños de niño y adolescente y mis sueños de ahora es que entonces yo hubiera sido el único triunfador, el único próspero, el único victorioso. Lo que veo hoy en mi espíritu son sueños donde cada persona a quien Dios le ministre a través de mí, alcance la salvación, la prosperidad, la paz, el gozo, la sabiduría, la victoria y el amor que solamente puede dar el Señor y que yo disfruto cada día. De todas maneras, siempre tuve sueños que iban más allá de lo común.

Empecé a jugar béisbol a los siete años de edad, ganando en muchas Selecciones de las Ligas Menores. Participé en *Boys Baseball League, American Congress*, Pequeñas Ligas. Fui lanzador más valioso, jugador más valioso y recibí cientos de reconocimientos. De hecho, llegué a ser el mejor lanzador de la Liga Juvenil. Jugué en todos los pueblos de Puerto Rico en campeonatos y participé en ocho selecciones. Mi pasión era el béisbol. Más que un juego o un deporte, mi vida entera y mis ilusiones estaban ligadas a los parques de pelota. Todo lo que yo quería era ser un gran pelotero de las Ligas Mayores. Era muy talentoso, los expertos del deporte lo reconocían y las victorias desde pequeño fueron sucediendo sin detenerse, fácilmente. Mis esfuerzos, mi interés y mi talento me fueron abriendo puertas y yo estaba feliz. Me veía cada vez más cerca de ser un pelotero estrella de las Grandes Ligas. Además, era un buen estudiante. Todo unido iba llevándome hacia donde yo anhelaba.

A los dieciséis años de edad, fui a Lafayette, Indiana, a jugar en las mundiales de *Colt World Series*, en el Estadio Bert E. Loeb, parte del Complejo Columbian Park. Era un privilegio ser escogido para jugar allí. Fue mi primera experiencia de firmar autógrafos porque asistentes a los juegos, profesionales y coleccionistas nos daban a firmar bolas para guardarlas hasta que fuéramos famosos. Hasta había un caballero tocando un órgano y yo, de atrevido, canté el himno de los Estados Unidos ante toda aquella multitud, con el acompañamiento de él. La verdad fue que "acabé". Incluso me ovacionaron y fui todo un éxito. Pronto contaré hasta dónde llegó esa "aventura".

Yo era huésped de una familia que me llevó en un recorrido por la prestigiosa Universidad de Purdue, en Indiana. Vi los casilleros, el recinto, los parques de pelota...me enamoré de aquel lugar y seguía viendo más cerca la realización de mis sueños. A mi regreso a Puerto Rico, me hicieron un homenaje en la escuela donde estudiaba y fui objeto de un sinnúmero de agasajos y reconocimientos.

A los 16 años de edad me ofrecieron una beca de béisbol para estudiar en la Universidad de Purdue. Al *Colt World Series* asistieron muchos "scouts", las personas que buscan talento para el deporte. No bien yo había vuelto a mi casa, me llegaron dos cartas. Una me brindaba una beca para jugar béisbol y estudiar en la Universidad de Purdue. La otra era del Glee Club de la Universidad, ofreciéndome una beca para estudiar música (gracias a mi atrevimiento, claro está). Mi entusiasmo y mi felicidad eran inmensos. De inmediato empecé a hacer planes. El tío

> *...mi frustración por los sueños rotos después de tantos esfuerzos, planes e ilusiones dejó su huella en mí.*

de mi amigo Carlos Baerga, Manuel Baerga, me orientaba y me apoyaba muchísimo. Manny Baerga (primo de Carlos e hijo de Manuel) y yo compartiríamos los gastos de un apartamento en la universidad, y de ahí seguimos haciendo planes para aprovechar esta oportunidad única. Todo iba bien hasta el día que mi mamá me dijo: "No vas y rompí los papeles que te mandaron".

Ella quería que yo me quedara en Puerto Rico y como rompió los papeles, no pude hacer nada. Me prometí a mí mismo que nadie más iba a tomar decisiones sobre mi vida y vertí mis energías en mi talento musical.

Sin embargo, mi frustración por los sueños rotos después de tantos esfuerzos, planes e ilusiones dejó su huella en mí. Cuando me casé y tuve que conseguir tres trabajos para cubrir escasamente los gastos de mi familia, me desesperaba pensando que esa escasez y esa dificultad no era lo que yo había previsto para mi vida. Me avergonzaba y me dolía no proveer con abundancia a mi esposa y a mi hija, y no podía evitar pensar en lo distinta que hubiera sido nuestra situación si yo hubiera sido un pelotero de Grandes Ligas. Durante años, aún ya como integrante de Zona Roja y de Grupo Manía, teniendo fama y ganando buen dinero, no podía pasar cerca de un parque de pelota sin empezar a llorar, y nadie sabía por qué.

Capítulo 2:

MI PRIMER AMOR

UN PAR DE años después, empezó mi historia con Normi. Al principio, Normi y yo éramos dos adolescentes buscando una oportunidad de exponer nuestros talentos. Los dos habíamos audicionado en una orquesta de un cantante muy conocido para ese tiempo. Él estaba buscando nuevos coristas y al mismo tiempo quería formar un grupo de cantantes femeninas. Éramos muy jóvenes y estábamos llenos de sueños. Los dos estábamos nerviosos porque era el primer ensayo con la orquesta y teníamos que cantar frente a todos estos músicos que iban a juzgar nuestros talentos. En la parte de afuera comenzamos a dialogar y a preguntarnos de dónde éramos y todo eso. Ahí ella me dijo que era de Caguas (un pueblo de Puerto Rico) y yo le dije que era vaquero de corazón (de Bayamón, otro pueblo de Puerto Rico).

Al principio, de veras que no estábamos pendientes el uno del otro por todo el nerviosismo que teníamos antes del ensayo, pero luego de los ensayos comenzamos una amistad muy bonita en la que practicábamos las coreografías. Yo trataba de enseñárselas y ella intentaba aprendérselas. Recuerdo que ella era una persona muy alegre y expresiva, lo cual me llamaba la atención. Comencé a fijarme en ella, pero no me atrevía a decirle nada. Solo habían miradas que me ponían a imaginar que había algo de interés, pero como nos llevábamos tan bien, no quería arruinar la amistad tan bonita que teníamos. Realizamos juntos varias presentaciones, pero este grupo femenino duró muy poco, así que después de un tiempo perdimos contacto.

Pasaron varios meses cuando en una presentación en un salón de baile del área norte de Puerto Rico, me di cuenta de que ella era una de las chicas que estaba frente a la tarima.

4

Waoooo, de veras que me emocioné y ella se dio cuenta de que yo tenía en ella un interés mayor del que creía. Terminó la presentación y comenzamos a hablar, ya esta vez sabiendo que estábamos interesados el uno en el otro. No recuerdo si al despedirnos nos dimos un pequeño besito que dejó un sabor a querer reunirnos lo antes posible. La invité a nuestra próxima presentación y ella accedió. Pasó la semana sin saber el uno del otro y yo estaba deseoso por verla otra vez. Cuando llegó ese día y terminó la actividad, recuerdo que le dije que yo tenía como carro un Porsche, y ella se quedó sorprendida dudando que fuera realidad, ya que lo dije con seguridad y seriedad. Me alejé con porte y categoría, para luego darle la sorpresa de que el carro que poseía era un carro viejo, un Toyota Corolla del 1975 con diferentes colores de carrocería y con un poco de moho. Bajé el cristal de la puerta de mi carro y le dije: "¡Este es mi Porsche! ¿Te gusta?" Imagínense ustedes cómo ella comenzó a reírse que no podía parar.

¿Qué creen? Tremenda presentación, ¿verdad? Luego me bajé y le pregunté: "¿Te gustó?" Y ella me contestó: "¿Por qué?" Le dije: "Es que si hay interés, rápidamente abro una cuenta de banco con tu nombre". Y ella me contestó: "¡Pues claro que síí!" Al decirme que sí, me confesó que desde que me conoció y comenzamos la amistad, me había tomado una foto, la conservaba en su cartera y a toda persona que le preguntaba si ella tenía novio, le mostraba mi foto y le decía que yo era su futuro esposo y padre de sus hijos.

Yo me quedé sorprendido al saber eso. Yo que estaba tan cuidadoso para no dañar nuestra amistad y ya ella me estaba echando el ojo. En ese momento comenzamos una relación. Empecé a visitarla en su casa en Caguas. Viajaba desde Bayamón y salía de la universidad todos los días con rumbo a su casa, no importando la distancia o inclemencias del tiempo. Como fuera, llegaba a su casa. Recuerdo que mi madre se molestaba, pues ya casi no veía a su hijo. Visitaba a Norma y trataba de estudiar con ella, pero no me lo permitía. Realmente fue un tiempo muy hermoso. Por supuesto, ella me presentó a sus padres y con mucho respeto les di las gracias por dejarme visitar a su hija.

Así pasé un tiempo visitándola, cuando por nuestra inmadurez nos dejamos llevar por las pasiones juveniles y embaracé a mi novia. Wao, recuerdo que cuando me dio la noticia del embarazo me puse muy nervioso, no sabía qué hacer, y rápidamente le dije: "Tranquila, vamos pa'lante juntos", sin saber lo difícil y duro que iba a ser criar un bebé a nuestra edad. Yo estaba próximo a cumplir dieciocho años y Normi ya había cumplido diecinueve. Imagínense la mezcla de emociones que teníamos en nuestras cabezas. Luego vino el proceso de informarlo a nuestros padres y eso fue bien difícil para nosotros, pero lo hicimos. Cuando se lo dijimos a mi madre, ella al principio no quería aceptarlo, pero lo hecho ya estaba hecho. Nosotros habíamos decidido casarnos en un futuro, pero ahora con muchas más razones, tenía que ser de inmediato.

Luego fuimos con su padre y yo estaba súper nervioso, pero tenía que tomar valor para informarle lo sucedido y decirle que como me habían enseñado, tenía que asumir responsabilidad y que iba a honrar a su hija casándome con ella. Por supuesto que la amaba mucho y me quería casar con ella, así le dije y me dio su bendición para que me casara con ella. Comenzamos todos los preparativos de la boda y tuve que tomar decisiones nuevas en mi vida. Dejé la universidad para empezar a trabajar, poder pagar la boda y mantener una familia. Empecé a trabajar en un almacén de frutas y vegetales, además de seguir en la música haciendo coro en las orquestas, añadiendo un tercer trabajo que era vendiendo prendas de fantasía. Imagínense cómo estaba de presionado con lo de la boda.

Ya que habíamos tomado la decisión de casarnos, tuve que hacerme cargo de todos los gastos de la boda, ganando muy poco dinero. Me sentía presionado hasta tal punto que una noche exploté en llanto por la presión que sentía con todo lo que estaba pasando tan rápido. Yo quería darle lo mejor a mi novia y no lo estaba haciendo como yo hubiera querido. Al fin nos casamos, pero no como yo quería. Nos tuvimos que casar en la marquesina de mi suegra, pues no daba para más. Le alquilé un traje a Normi y yo alquilé otro con lo que se podía. Pagué todo lo que pude y nos casamos por el juez, que también tuve que pagar. Hasta contraté un *DJ* para la fiesta. Tuve que pagarle con el dinero que nos pusieron en el tradicional baile donde les ponen dinero a los novios en los trajes. Me imagino que se preguntan dónde fue la luna de miel. Con el dinero que quedó del baile de los novios solamente nos alcanzó para pasar la luna de miel en un motel, y luego dijimos que había sido en un hotel.

Así comenzamos nuestro matrimonio. Tan pronto salimos de nuestra luna de miel, nos fuimos directamente a la casa de mi madre, pues no tenía con qué pagar un apartamento para nosotros. De esa manera pasamos los dos primeros años de nuestro matrimonio hasta que recibí una llamada del Sr. Jossie Esteban para formar parte de un nuevo grupo que él estaba formando junto a otros tres jóvenes, llamado *Zona Roja*.

Capítulo 3:

LA LLAMADA DE LA FAMA

E STABA TRABAJANDO EN el almacén de frutas y vegetales cuando me llegó la llamada del Sr. Jossie Esteban para que formara parte de la orquesta *Zona Roja*. Me quedé súper sorprendido cuando me lo informaron. Yo había estado esperando una llamada del Sr. Fernan Colón, en ese tiempo manejador y bajista del grupo *Los Sabrosos del Merengue*, pues uno de sus cantantes iba a salir del grupo y ya habían hablado conmigo para tomar su lugar. Al recibir esta otra llamada me quedé petrificado porque tenía que tomar una decisión. Rápidamente, después de mis horas de trabajo, llegué al estudio de grabación donde estaban realizando la producción y el Sr. Esteban me hizo la oferta directamente.

En ese momento no supe qué decir y me preguntó: "¿Te interesa o no?". Yo le pedí un momento, rápidamente fui a una estación de gasolina que estaba al lado del estudio y llamé al Sr. Fernan Colón, pero él no contestó. Dije en mi interior: "Esta es mi oportunidad y no la voy a dejar pasar". Enseguida regresé al estudio y ya estaban llamando a otra persona, pues yo parecía indeciso. Pero al llegar delante de ellos, les dije que sí quería la oportunidad y que ese trabajo era mío. Al instante me abrazaron y me dijeron: "Bienvenido a *Zona Roja*". Wao, yo estaba emocionado porque era mi gran oportunidad de tener una carrera real en la industria del entretenimiento e iba a ser internacional.

Llegué a mi casa y le conté a mi esposa. Ella se emocionó, pues sabía que esa era una gran oportunidad y que nuestras finanzas iban a cambiar para bien. No sabíamos que sería el comienzo de algo que cambiaría mi forma de pensar y que nuestro matrimonio pasaría por muchas situaciones negativas. Empezaron los ensayos, las grabaciones de videos, el grupo empezó a sonar en la radio con mucha fuerza simultáneamente en muchos países, y estábamos emocionados por todo el éxito tan repentino que tuvo el grupo. Todo parecía un sueño hecho realidad y todos estábamos felices.

Llegó el día del debut de nuestro grupo, que se realizó en el Coliseo Roberto Clemente de Puerto Rico en el gran esperado Sábado de Gloria, durante el famoso "merengazo" que hacía la emisora Z93. Fue un lleno total. Luego, esa misma noche, debutamos también en un salón de baile llamado Villa Real, donde se rompió récord de ventas y la gente ya no podía entrar al lugar para vernos. Mi esposa y yo nos emocionamos mucho al ver este acontecimiento. La gente estaba parada sin bailar en la pista para poder ver a este grupo que estaba tan pegado en la Isla. Hasta llegaron a pensar que éramos de otro país, pues habíamos empezado a sonar desde el año anterior, 1991, y estábamos debutando un Sábado de Gloria del 1992.

Poco a poco, sin darme cuenta, ahí comenzaron a atraparme el ego y el orgullo. Ya las mujeres me miraban diferente. Yo era el centro de atracción, como antes no sucedía, y empecé a creerme la fantasía de la fama. El hombre, cuando comienza a sentirse tan admirado y la gente llega hasta casi idolatrar a uno, pierde poco a poco el control, más aún a tan tierna edad. Al principio, uno no se da ni cuenta de lo que le está sucediendo. Recuerdo que le decía a mi esposa que me ayudara y que no me dejara creerme la gran cosa porque yo criticaba esa actitud y no quería caer en eso, pero realmente sin darme cuenta, caí en esa conducta que tanto criticaba.

El grupo entró con mucha fuerza a muchos países simultáneamente. Recuerdo que en Guatemala nos recibían como a unas estrellas. Toda la prensa llegaba al aeropuerto a recibirnos y entrevistarnos. Era algo a lo que yo no estaba acostumbrado. De igual manera sucedía en la ciudad de Barranquilla, Colombia y otras. Visitamos muchas ciudades de Estados Unidos y el grupo también fue muy conocido en Europa. Así comencé a faltarle el respeto a mi esposa saliendo con otras mujeres, faltándole primeramente a Dios y a la promesa que hice ante Él, de guardarle fidelidad a ella.

Uno empieza a curiosear y a coquetear con la idea de

conocer a otras mujeres, hasta que le pierdes el miedo y te lanzas, sin saber que quedarás atrapado en las garras de la lujuria y el adulterio. El hombre que entra en esta conducta lo ve como una aventura y siente la adrenalina de ese momento, pero luego de cometer el acto, se siente mal e incómodo. Suele suceder que cuando termina el acto, no quiere quedarse en el lugar, busca una excusa para irse rápidamente, y luego vienen la culpa y el malestar por haber cometido el acto.

Coquetear con el adulterio es una trampa...

Ese es el principio de la conducta, hasta que se llega al punto de perder la sensibilidad y a uno no le importa ser visto por sus amigos. Oye, hasta llega a ser un logro entre los hombres dentro de la mentalidad machista. Más aún, yo trataba de agarrarme del argumento de que me casé muy joven. Se lo decía a la gente y ellos me secundaban. De esa manera yo le daba más validez a mi argumento y pensamiento, diciendo y pensando que yo no estaba preparado para el matrimonio a tan temprana edad. Eso lo hubiera pensado antes, ¿verdad?

Ya antes de conocer el éxito o la fama, tenía familia y ellos estaban primero, así que merecían respeto. En el orden de Dios, primero es Él, después tu familia y luego tu trabajo, profesión o ministerio. Al saltar este orden, tendremos asegurado algo que se llama problemas. Mi esposa comenzó a darse cuenta de que estaban pasando cosas extrañas en nuestro matrimonio. Ya yo no quería que fuera conmigo a las presentaciones para que no se diera cuenta de lo que estaba haciendo. Incluso los dueños del grupo me decían que no la llevara mucho para que las fanáticas pudieran acercarse sin problema u obstáculo alguno. Y yo que estaba fuera del orden, imagínense, esa era otra de las excusas que le daba a mi esposa para que no pudiera estar en mis presentaciones. Fue pasando el tiempo y seguía creciendo esta conducta, que poco a poco iría destruyendo mi matrimonio y mi familia. Las llegadas tarde comenzaron a ser más seguidas y más prolongadas, al punto de que ya llegaba casi saliendo el sol y las mentiras eran cada vez más grandes.

Fue en este tiempo que conocí a la que mi amada llama

"Penina". Llegó en este tiempo donde me creía "la última soda del desierto y con hielito". Estaba convencido de que haberme casado había sido un error porque ahora estaba viendo el mundo y lo tenía a mis pies. Lo que tanto quería que no me pasara ni me creyera, sucedió. Conocí a esta chica además de todas las demás, pero con esta comencé una amistad diferente y hablábamos de muchas cosas que nos estaban pasando a ella y a mí. Ella empezó a abrirme su corazón por situaciones con sus padres, y yo a contarle mis penas de cómo me había casado tan joven y de los problemas matrimoniales que tenía. Eso es un error craso; eso nunca debe suceder en la vida de un hombre casado. Así fue que comenzó a crearse un lazo almático entre nosotros, sentimos tanta empatía que nos podíamos quedar hablando por horas, y sentíamos que nos entendíamos.

Lo que se suponía que hiciera con mi esposa, que me abriera con ella, lo estaba haciendo con una persona extraña y ajena a mi relación matrimonial. Se suponía que solo le abriera mi corazón a la persona que juró que me amaría por toda la vida. Si hubiera confiado en ella, ella me hubiera comprendido o por lo menos lo hubiera intentado. Lo que comenzó con una amistad, ya estaba llegando a ser una relación más íntima y ya todos mis problemas se los contaba a ella y no a mi esposa, pues sentía que ella me comprendía más que mi esposa. Claro; estaba conociendo al verdadero Chino que mi esposa ya ni conocía.

Debemos tener mucho cuidado de no caer en esta trampa. El enemigo está como león rugiente buscando a quién devorar. El león es un animal muy cuidadoso al momento de atacar. Se esconde sigilosamente, aguarda sin prisa y comienza a mirar y a observar una manada de animales, pero él observa detalladamente cuál de los animales de esta manada está más vulnerable, para atacarle y hacerlo su presa y, posteriormente, su comida.

Coquetear con el adulterio es una trampa donde te descuidas y cuando abres los ojos ya estás en la boca del león, y ya eres su presa y comida. Ya en mi hogar todos los días eran de guerra. Lo que al principio era un hogar de amor se había convertido en una casa de peleas. Yo, sicológicamente, le hacía creer a mi esposa que era ella la que estaba loca y era por culpa de ella que todo estaba mal en nuestra casa, cuando realmente había sido yo el que estaba destruyendo mi hogar, al abrir puertas al enemigo, mientras él se estaba sirviendo con la cuchara grande.

Comencé a hacerle creer que ella había descuidado nuestro matrimonio y era por su culpa que todo esto estaba pasando. Le decía que peleaba demasiado y que se había descuidado como mujer, pues ya tenía fijado los ojos en otra persona que creía que era mejor que mi esposa porque me entendía. Claro, yo le daba las herramientas en la mano, lo que nunca hice con mi esposa, que era la única persona que realmente merecía conocer mi corazón. Muchas veces el hombre tiene miedo de que su esposa lo conozca realmente porque cree que puede perder autoridad en la casa, que ella no le va a comprender y que pudiera usar eso en su contra. Creo que es todo lo contrario. Si el hombre se diera a conocer con su esposa, ambos se conocerían realmente, ella también podría abrir aún más su corazón y se sentiría honrada de que en verdad conoce a su esposo. Ella tendría mucha más confianza en su hombre. No le entreguemos nuestros tesoros a personas ajenas; ese tesoro solo se lo merece nuestra esposa.

Yo le hacía creer a mi esposa que estaba gorda y le decía que tenía que ponerse para su número, pues la competencia en la calle estaba dura y tenía que verse bien si quería salir conmigo. Muchas veces lo hice para que no se sintiera lo suficientemente bonita como para salir conmigo y se quedara en la casa. Waoo, ¡qué cosa más fea! Yo lo hacía por mi conveniencia, pero realmente estaba dañando su autoestima poco a poco, al punto que ella ya no se sentía lo suficientemente linda como para salir conmigo. Esta conducta continuó por varios años y cada día empeoraba la situación en nuestra casa.

En mi carrera artística estuve con *Zona Roja* tres años y medio y luego me lancé como solista. Grabé dos producciones con éxito, pero no el que yo esperaba. Tenía mi oficina en mi casa y mi esposa y yo corríamos la agenda con nuestra secretaria, pero seguía la conducta de adulterio y ahora había más peleas, aún en la presencia de nuestros hijos y la secretaria. Estuve como tres años como solista hasta que me llamaron y me ofrecieron formar parte del grupo más pegado y cotizado de Puerto Rico: *Grupo Manía*.

Capítulo 4:

LOS VACÍOS DEL HOMBRE

MUCHOS DE LOS vacíos del hombre vienen de nuestra niñez, de nuestra crianza y de nuestra sociedad, que nos ha marcado con un montón de enseñanzas incorrectas. En nuestra cultura latina, a los hombres nos enseñan desde pequeños que los hombres pueden tener varias mujeres y no está mal. También nos enseñan a no llorar y a no demostrar nuestros sentimientos porque si lo hacemos, nos convertimos en un hombre débil y sin carácter, cuando la verdad es que eso está muy lejos de lo que dice la Palabra de Dios.

Además de esto, nuestras madres y otras mujeres se hacen partícipes de esta conducta o enseñanza, al decirnos y hacernos desde pequeños estas preguntas: "¿Cuántas novias tienes? ¿Por qué tú eres bien lindo?". No se dan cuenta de que están siendo partícipes de esta conducta errada. También podemos sumarle el mal modelaje de nuestros padres, tíos, abuelos, vecinos, y el bombardeo diario que recibimos a través de toda clase de propaganda, novelas, revistas y televisión, mostrándonos mujeres casi desnudas todos los días. Ya lo vemos como algo estándar o normal y nos dejamos influenciar sicológicamente con todo esto. Hasta llegamos a creer que nuestra esposa debería tener ese cuerpo porque si no lo tiene, está mal. Y comenzamos a criticar y la presionamos para que se mantenga en forma, pero ¿cuál forma? Pues la que nos impone la sociedad sicológicamente.

Es de esta manera que se están formando los hombres del mundo, creyendo que eso es lo correcto, sin saber que de esta manera crecemos con una idea errada de nuestra vida. Al tener una mala formación como hombres, empezamos a tomar malas decisiones. Al no desarrollar herramientas para bregar con nuestras emociones y malas enseñanzas, nos frustramos y hasta culpamos a todos los demás sin darnos cuenta de que somos nosotros mismos los que estamos mal. Y es en estos momentos que comenzamos a tomar malas decisiones y tratamos de llenar esos vacíos con las malas herramientas que adquirimos de nuestra crianza y mal modelaje.

Si sentimos falta de amor, lo que sabemos hacer es buscar a una mujer y acostarnos con ella para intentar llenar ese vacío de amor. Si nos sentimos solos, llamamos a nuestros amigos para salir y beber o tomar drogas con ellos y hablar boberías, para olvidar un poco de nuestra frustración y sentirnos entendidos por un instante. Estas son las herramientas que tenemos o las que nos modelaron, y son las que se utilizan en la calle. Es lo que nos enseñaron y es lo que utilizamos. Hemos sido marcados y mal enseñados por el modelaje incorrecto de nuestra familia, cultura y sociedad, y tenemos que darnos cuenta y tomar decisiones para transformar nuestra situación y nuestra vida. Si no, seguiremos marcando erróneamente y dañando a nuestros hijos, y, por ende, dañando a nuestra sociedad y nuestras futuras generaciones, que bastante mal modelaje tienen ya.

La palabra en Génesis 1:2 dice que al principio "la tierra estaba desordenada y vacía", y así mismo está el hombre que ha sido marcado por la sociedad y no ha sido expuesto a la verdad de la Palabra, o ha escuchado la Palabra y no la obedece. La Palabra está disponible al hombre, no sólo para adquirir conocimiento, sino para darnos un norte y herramientas para llenar esos vacíos que traemos en nuestras vidas.

> *No tenemos que pelear solos: tenemos un aliado, un amigo, un compañero, un campeón y se llama Jesús.*

El hombre en su origen fue creado sin ningún vacío. Fue creado perfecto y hecho con las propias manos de Dios. Su materia prima fue el barro (la tierra) y no tenía vida hasta que Dios sopló de su vida (Espíritu) sobre el hombre. Además, tuvo el privilegio de tener una comunicación directa con Él, todo su ser estaba lleno de su gloria y Dios le dio la autoridad para gobernar y sojuzgar todo lo creado. También le dio todas las instrucciones de cómo hacer las cosas para que viviera una vida en bendición duradera y eterna. Pero al momento que el hombre desobedeció a Dios, dejó que una voz extraña le hablara, la escuchó, la obedeció y pecó. Hubo una desconexión entre él y Dios. Automáticamente, lo que estaba lleno de la gloria de Dios se contaminó, se rompió ese cordón umbilical (espiritual) que los unía, entró el pecado al hombre y así mismo la maldición. Se creó el vacío del hombre que solo se puede llenar con el Espíritu Santo de Dios.

Así me sentía yo, como que algo me faltaba, como que tenía que haber algo más para mi vida. Podía tener éxito, fama, mujeres, dinero, reconocimiento…y siempre me sentía vacío. Al principio no lo quería aceptar y seguía pa'lante como dicen en Puerto Rico, creyendo que podía contra el mundo. Seguía peleando solo. Así están muchos hombres con esta mentalidad de llanero solitario que creen que pueden contra todo y contra el mundo entero, no les interesa la opinión de nadie y se hacen sabios en su propia opinión. Así fue que les enseñaron, esa es la mentalidad que les impusieron y es la que utilizan para sobrevivir, sin enterarse de que hay un Jesús esperando para ayudarles.

> *Al tener una mala formación como hombres, empezamos a tomar malas decisiones.*

Les voy a dar un ejemplo un poco cómico, pero muy ilustrativo. Hemos visto en televisión la lucha libre. Aunque sabemos que es un deporte de entretenimiento, algo coreografiado que entretiene a mucha gente y tiene sus méritos, la utilizaremos como una ilustración visual. Vemos a estos hombres luchando en parejas en el cuadrilátero. Llega el momento en que uno de ellos está recibiendo demasiado castigo o golpes. En ocasiones, la lucha es entre los dos oponentes contrarios y uno recibe el castigo sin tener oportunidad de defenderse. Vemos a su compañero en su esquina extendiendo su mano para recibir el toque para poder entrar, defenderlo y ayudarlo a vencer a sus enemigos, pero no es hasta que el luchador golpeado entiende que necesita ayuda y ya está exhausto de recibir tanto castigo, que va corriendo a su esquina para que su compañero entre a su rescate.

En nuestra vida real ocurre algo parecido. Diariamente tenemos que luchar batallas, pero nosotros decidimos cómo vamos a enfrentarlas. Podemos enfrentarlas como el llanero solitario, solos, o decidirnos a tocar esa mano que se extiende en nuestra esquina, que es la mano de Jesús, que en todo tiempo está presta para entrar a nuestro rescate y vencer a nuestro enemigo o adversario. Pero somos nosotros lo que tenemos que tomar la decisión de tocar esa mano y dejarle entrar en nuestra vida para que pelee la batalla por nosotros y la ganemos. Solo Él puede llenar ese espacio vacío que sentimos en nuestra vida. La Biblia declara que Jesús es la plenitud del hombre y Él es el que llena todo en todo. Éste es el que entrará y nos ayudará a vencer todo obstáculo que enfrentemos. No tenemos que pelear solos: tenemos un aliado, un amigo, un compañero, un campeón y se llama Jesús.

Capítulo 5:

CUANDO PIERDES EL CONTROL

L E DEDICO ESTE capítulo a los hombres y mujeres que, como yo, creían o creen que tienen el control de toda su vida y piensan que, no importa lo que hagan, nada malo les va a ocurrir. Así como Adán y Eva comieron del fruto prohibido y creyeron que no les pasaría nada, igual pensamos cuando entramos en una conducta de adulterio, fornicación y mentiras.

Adán y Eva comieron de la fruta prohibida, se miraron el uno al otro, y vieron que al momento nada malo había pasado. Creo yo, trayendo una ilustración a este momento, que pensaron: "Oye, lo que dijo Dios que pasaría si comíamos de este fruto parece que era mentira porque no nos pasó nada de lo que Él dijo". Y es así como nosotros pensamos cuando no le hacemos caso a Dios y pecamos. Ellos no se dieron cuenta de que en ese mismo instante cuando desobedecieron, se desconectaron de la fuente de vida eterna que es Dios, automáticamente se contaminaron con el pecado y perdieron la bendición de ser eternos, ya que por *default* entró la muerte. Ellos habían sido creados eternos, pero por la desobediencia a Dios, automáticamente la muerte se enseñoreó de lo que una vez fue eterno, y fueron acortados sus días en la tierra.

Así es que llegan las consecuencias de nuestros actos. Aunque creamos que nadie nos ve y que nadie se va a enterar, la Palabra de Dios declara que no hay nada oculto que no salga a la luz o sea manifiesto (ver 1 Corintios 14:25). Aunque físicamente nadie nos vio, el que reina y vive por siempre ya nos vio. Y es Dios a quien le daremos cuenta de todas nuestras acciones y es Él quien nos protegerá por nuestra obediencia, o permitirá, a causa de nuestro pecado, que el enemigo haga estragos en nuestra vida y con nuestra familia, a menos que lleguemos al arrepentimiento. Si nos arrepentimos, Él con su misericordia nos perdona y vuelve y nos protege de todo mal.

Hablo de esto porque cuando entré a Grupo Manía, este también era el grupo más "pegado" de ese tiempo. Yo venía ya con una conducta de exceso de orgullo. Imagínense cómo el pecho se le infla a uno, y uno disimulando, entra en lo que se llama falsa humildad. Esta conducta se da mucho con personas que entran al círculo de figuras públicas y comienzan a recibir los halagos de la gente. Con todo el mundo felicitándote y admirándote, realmente te sientes muy importante y llegas a creerte la fantasía de la fama. Eso lo estamos viendo en todas partes, tanto en el ambiente no cristiano como en el cristiano. Tenemos que cuidarnos mucho de esto porque nos daña nuestra vida y la de nuestra familia.

Entré a Grupo Manía en la etapa de la internacionalización y comenzaron las promociones y nuevamente las giras por diferentes partes de Estados Unidos y Latinoamérica. También comenzamos las nominaciones a los premios Grammy y Grammy Latino. Realmente el grupo entró a un nivel de éxito aún mayor al que tenía. Fueron siete nominaciones a los Grammy y en el 2003 ganamos el premio con la producción *Grupo Manía Latino*. Además de eso, el gobierno de Puerto Rico quiso premiar nuestros éxitos y logros, y también recibimos reconocimientos del Senado de Puerto Rico y la Cámara de Representantes. Imagínense; yo estaba ahí sin tener a Cristo en mi corazón.

Yo tenía ya una conducta o un patrón de adulterio, pero en este tiempo fue en aumento por no saber bregar con la fama, el reconocimiento y la admiración de la gente. El éxito estaba sonriéndome una vez más de una manera muy fuerte, y yo continuaba con mi conducta de desenfreno y con esta relación extramarital que había empezado desde que estaba en el grupo *Zona Roja*. Ya eran varios años con esta persona. Mi esposa conocía de esta relación y aunque le dije en un tiempo que ella se había ido a Estados Unidos (lo cual era cierto), le mentí a Norma al no decirle que había regresado. Continué a sus espaldas con esa relación, aún visitando ya la iglesia, mientras mi esposa creía que ya se había librado de esta situación tan dolorosa.

Yo era realmente un artista por partida doble. Era un artista en las tarimas, pero también era un gran artista de la mentira en mi casa. Cuando, como yo, se es un hombre atado con el pecado de adulterio, uno se convierte automáticamente en un mentiroso porque tiene que ir tapando su conducta con una mentira tras otra.

La Palabra declara que nuestro enemigo el diablo es el padre de toda mentira y que no hay verdad en él (ver Juan 8:44). Cuando uno entra en esta conducta de mentira, ya podemos identificar quién está influyendo y tratando de controlar nuestra vida. ¿Por qué digo esto? Porque uno le miente a su esposa constantemente para tapar y tratar de que ella no se dé cuenta de lo que uno está haciendo, para seguir con esta conducta. Pero también le miente a la otra persona diciéndole un montón de falsedades, como que uno tiene muchos problemas con su esposa y que piensa dejarla. De esa manera, uno le da falsas esperanzas a esta otra persona y ella a su vez se siente que en algún momento será la única en la vida de uno. Todo eso ocurre, sumándole la dichosa labia que desarrolla un hombre que está bajo la influencia del pecado del adulterio o la fornicación.

Hay personas que dicen que las amistades no influyen en el comportamiento de la persona, pero yo les puedo decir que sí influyen. En este tiempo de mi comienzo en Grupo Manía fueron llegando varias amistades que comenzaron a influir en mi conducta ya errática, dañina y autodestructiva. Empezaron a llegar amigos que hacía mucho tiempo no veía y a otros los conocí en mi caminar por el ambiente de la música y los lugares que frecuentaba después que terminaba de cantar. Todos llegaban con la misma mentalidad de vacilar, conocer mujeres y salir con ellas para acostarse y tener una noche de sexo. Yo no era de andar con mucha gente o grupitos o corillos como le dicen en Puerto Rico, pero al comenzar a andar con ellos me hacían reír, me trataban bien y me sentía querido, admirado y respetado por estos amigos que ahora eran mis compinches.

Recuerdo que uno de ellos se había separado de su esposa y estaba muy triste por lo que estaba pasando y yo le dije: "Tranquilo que yo te ayudo, eso se te quita rapidito. Ven conmigo y te voy a presentar varias amigas mías y salimos a vacilar y te olvidas rápido de tu mujer". No sabía el daño que le iba a causar a este hombre, que después era él quien no quería que yo cambiara. Todos estos amigos, incluyéndome a mí, comenzaron a querer más y más de esta clase de vida sin importar a quién dañáramos y lastimáramos en el camino, y el descontrol era cada día mayor. Ya no era simplemente que tenía esta relación de mucho tiempo con esta persona. Ahora era peor, pues era parte de este grupo de hombres inmaduros, descontrolados y con dinero, que querían vivir la película de hacer lo que quisiéramos sin importar las consecuencias ni los daños colaterales que causáramos con nuestras decisiones. Todos decíamos casi la misma excusa: "Es que me casé muy joven y no disfruté mi juventud".

Discúlpeme, hermano, pero a usted nadie le obligó a casarse; esa fue su decisión. Y tampoco sus hijos se hicieron solos ni pidieron venir a este mundo. Fue por una decisión que usted tomó, así que asuma responsabilidad y ocupe su posición de hombre, esposo y padre, y pare de dar excusas de cómo debía ser su vida. Lo hubiera pensado antes.

Así llegó el descontrol a mi vida. No es que le eche la culpa a estas amistades, porque ya yo tenía esa semilla de pecado en mí. Pero sí fueron de influencia para mí y yo para ellos, porque nos animábamos mutuamente en nuestra conducta errada. Estábamos de fiesta todos los días y era yo la cara reconocida que daba acceso a los lugares que frecuentábamos, sin darme cuenta de que me estaba sumergiendo más y más en esta conducta autodestructiva que me llevaría a abandonar a mi familia y entregarme a la vida de desenfreno y descontrol que eventualmente me llevaría a tener una crisis emocional.

Fue en este tiempo que me fui de mi casa. Ya mi esposa no podía aguantar más esta situación que la estaba destruyendo. Recuerdo en una ocasión cuando ella se arrodilló frente a mí llorando y suplicándome que cambiara, esperando una reacción de arrepentimiento en mí. Lo que recibió a cambio fue que le dije que no fuera ridícula, que se levantara y dejara de hacer ese teatro, ese *show*, que conmigo no iba a funcionar. Imagínense la insensibilidad y la dureza de corazón que había en mí a causa del pecado. En otra ocasión, estábamos discutiendo en el carro y la dejé abandonada de noche en la carretera. Le dije que se bajara del carro, la dejé en la calle y seguí mi camino sin importarme lo que le pudiera pasar. Tuvo que llegar a la casa caminando. Tenía hinchados los pies y estaba muy asustada, porque unos hombres trataron de montarla en su carro para llevársela. Estas son algunas de las cosas que pasaron de las que hoy me avergüenzo y me arrepiento de haberle hecho a mi esposa en el pasado.

Abandoné a mi esposa y a mis hijos por continuar con esta farsa que me estaba destruyendo y lo más duro era que no me daba cuenta. Incluso estaba convencido de que yo estaba bien en lo que hacía. Continué con la relación extramarital durante más de diez años y en un momento creí que estaba enamorado de esa persona, pero cuando me mudé y me vi solo con los amigos, ni ella me importó. Se añadieron docenas de mujeres con quienes tuve intimidad simultáneamente en esos nueve meses de fiesta, descontrol, desenfreno y lujuria. Me regía por el código de la calle, las conversaciones entre hombres apostando a qué mujer que habían visto esa noche se iban a llevar a la cama,

> *…asuma responsabilidad y ocupe su posición de hombre, esposo y padre…*

retándonos y repartiéndonos todas las mujeres que veíamos. De esa manera vivía, hasta una noche que comencé a sentirme incómodo con lo que estaba haciendo con mi vida.

LA INTERVENCIÓN DE DIOS

Ya me estaban ocurriendo situaciones que llamaron mi atención hacia el hecho de que estaba fuera de control. Una de ellas se repetía cada vez que una mujer distinta me llamaba por teléfono. Yo no sabía quién me estaba llamando, no reconocía ninguna voz porque me relacionaba con tantas mujeres a la misma vez, que no recordaba ni el nombre, ni lo que había pasado con ella, ni dónde ni cuándo la había conocido…no recordaba nada de ninguna. No sentía nada por nadie. Solamente quería calle, hacer lo que me daba la gana y no encontraba nada en nadie. Tampoco sentía nada ni por Norma ni por la otra persona.

Empecé a pensar en mis hijos y a preguntarme: "¿Qué rayos estoy haciendo con mi vida? ¿Dónde están mis hijos? ¿En qué, en dónde y cómo voy a ir a parar?". La confusión llegó a mi vida y no sabía qué hacer con ella. De repente sabía que estaba mal, pero cambiar significaba darles la razón a mis hijos y a Norma, y me quedaba atrapado en la película de la felicidad falsa que me arrastraba. Lo peor era que yo era de los que decía que eso se quitaba con irnos de fiesta con una mujer y beber un poco de alcohol, y terminaba la confusión. Pero ¿saben qué? Eso ya no estaba funcionando conmigo; al revés. Como era muy conocido en Puerto Rico y todo lo que hacía, salía en televisión y lo comentaban en la radio, yo era el chisme del día. Incluso llegué a abrir mi corazón y decirle a algunas personas las cosas que estaba haciendo, en busca de ayuda y de un consejo de quienes creía que podía confiar, y al otro día me topaba con que lo que había hablado lo comentaban en televisión y la radio nacional, lo que era y lo que no era.

Imaginen la desconfianza que tenía de todo el mundo. En ese tiempo cuando me sentía en confusión, ya sabía que estaba mal, pero no hacía nada. A eso se llama remordimiento. El remordimiento es cuando sabemos que estamos haciendo algo mal, pero no hacemos nada al respecto para tomar una decisión y salir de la conducta que nos afecta. Es muy diferente del arrepentimiento. El arrepentimiento es cuando sabemos que estamos haciendo algo mal y estamos dispuestos a tomar una decisión de cambio. Es cuando hacemos algo para terminar la conducta que nos afecta y cambiarla por las acciones correctas.

Una noche cuando me encontraba en el apartamento que había alquilado con todos estos amigos, empecé a sentirme incómodo conmigo mismo y sentía algo dentro de mí que me decía: "Mírate al espejo". Yo no entendía nada, pero era que Dios quería que me encontrara o chocara con lo que estaba atando mi vida. Nuestros ojos son el espejo de nuestra alma y Dios quería confrontarme con lo que estaba reinando en mi alma: el adulterio, la fornicación, la lujuria y las pasiones desordenadas. Cuando me miré al espejo, lo que vi en mí fue algo muy feo, algo diferente. En mis ojos se veía maldad y mi cara ya no era la misma. No podía comprender lo que me estaba sucediendo y en lo que me había convertido, y me dio temor. En ese momento comencé a ver la realidad en la que me encontraba. Realmente estaba atado y el temor comenzó a invadir mi vida y mi mente.

El enemigo empezó a traer pensamientos malos a mi mente, me decía que yo no servía, que yo era una porquería, que era una basura y que no merecía la vida que tenía. El enemigo nos odia y nos quiere matar. Es por eso que a través de saetas, es decir, dardos que envía a nuestra mente, trae pensamientos de maldad para que creamos en sus mentiras. Yo me convertí en un loro o cotorra por varios segundos al repetir las mentiras que él había puesto en mi mente. Esos pensamientos llegaron a ser palabras y yo mismo, mirándome al espejo, me decía que era una porquería y que no servía. Me dio pánico. Yo mismo había visto y oído cómo a otros artistas les había pasado lo mismo, cuando teniendo supuestamente todo se sentían vacíos y sin propósito en la vida, y algunos hasta tomaron la decisión de quitarse la vida.

Yo no quería pasar por eso, así que me monté en mi carro y comencé a manejar aterrado y llorando, sin saber qué rayos me estaba pasando. Como les comenté anteriormente, ya no confiaba en nadie y me convertí en una olla a presión, y estaba como el salmista en el Salmo 32, que mientras callaba envejecía en su gemir todo el día y sus verdores se convertían en sequedad de verano. Así estaba yo, desconfiaba de todo el mundo y no encontraba a nadie con quién abrir mi corazón, pero uno de los nombres de nuestro Dios es Jehová Yireh, el Dios de nuestra provisión. Mientras manejaba, Él trajo a mi mente a un hombre que yo conocía y hasta había sido mi compañero de la orquesta *Zona Roja*. En un tiempo pasado, él había estado tan atado como yo lo estaba en ese momento.

Dios conocía mi corazón y sabía que yo no creía mucho en los pastores, pues habíamos tenido una experiencia no muy buena con un familiar que se había entregado a la religión, como antes se decía, y se alejó de la familia por muchos años. Ese distanciamiento nos dolió mucho y no lo entendíamos. Por eso, cada vez que me hablaban de Dios o de la iglesia me sentía incómodo. Pero este hombre me había dado testimonio de que Dios sí cambiaba al hombre, dio ejemplo de lo que era un hombre transformado y se ganó mi respeto y admiración aún dentro de la orquesta. En este momento difícil de mi vida, Dios lo trajo a mi memoria y lo llamé desesperado, envuelto en lágrimas y extremadamente confundido. Yo no sabía de otros, pero sí de este hombre y si él había podido cambiar, yo también podía hacerlo.

> *Cuando me miré al espejo, lo que vi en mí fue algo muy feo, algo diferente.*

Él ya era evangelista y su nombre es Junior Castillo. Cuando lo llamé, le dije que orara por mí porque estaba desesperado. Era como la media noche o un poco más y él me dijo: "Dame un 'break' en lo que me levanto porque mi esposa está durmiendo, para poder orar bien por ti". Yo le dije: "En lo que te levantas, dime dónde vives porque ya arranqué para tu casa". Estaba tan desesperado que no podía aguantar y llegué a su casa.

Cuando llegué y él abrió los portones de su casa, entré envuelto en llanto y anhelando una oración que pudiera ayudarme con esa desesperación y confusión que me estaba abrumando y consumiendo. Le dije rápidamente: "Ora por mí, ayúdame, yo sé que tú puedes ayudarme". Él me dijo: "Chino, tranquilo, que tú no me necesitas a mí, tú necesitas a aquel que me cambió a mí, y si hoy lo recibes como tu único y verdadero salvador, Él te puede ayudar". En ese momento, recibí a Jesús como mi Salvador. En verdad no podía esperar nada más. Yo fui a que él orara por mí, pero realmente era mi alma gritando por un cambio en mi vida. Mucha gente me pregunta cómo me convertí a Cristo y cuando les digo que no fue en una iglesia, que fue en la marquesina o garaje de una casa, se sorprenden. Lo que pasa es que a mí nadie me hizo un llamado y tampoco escuché una predicación poderosa. Yo tuve que llegar corriendo desesperado y destrozado a los pies de Jesús.

EL PRIMER TIEMPO EN CRISTO

La noticia de que "Chino se había convertido a Cristo" comenzó rápidamente a difundirse en el ambiente de la música, y le llegó la noticia a un amigo y músico de la orquesta de Grupo Manía, Feliciano Serrano "Felo". Él había sido el güirero del grupo desde sus inicios, y también se había convertido a Cristo. En seguida me llamó, preguntándome si era cierto lo que había escuchado. Mi respuesta fue "Eso es cierto, varón, Dios te bendiga", en un tono muy religioso, como si yo llevara un largo tiempo conociendo la Palabra, cuando estaba comenzando y todavía no sabía ni "papa" [nada] de la Palabra de Dios.

Este hermano me hizo varias preguntas. Entre ellas, me preguntó: "¿Dónde te estás congregando?". En ese momento, me quedé mudo, pues no entendía qué rayos me estaba preguntando. Él volvió a preguntarme: "Chino, ¿dónde te estás congregando?". Les recuerdo que yo no venía de una familia cristiana y no entendía el lenguaje cristiano. No tuve más remedio que preguntarle a él: "¿Qué es eso de congregarse?". Él se rió, y me dijo: "Chico, que a qué iglesia estás asistiendo". Yo le dije: "Ahh, hermano, ahí yo estoy *montao*. Yo estoy yendo a todas las que Junior va a predicar". Él volvió a reírse y me dijo: "Chino, es que tú necesitas una iglesia donde vayas regularmente y te enseñen a conocer la Biblia, te den clases y recibas discipulado". A eso contesté: "Bueno y ¿dónde es eso?". Me dijo que me invitaba a su iglesia que quedaba en Caguas, y le dije: "Ok, nos vemos el domingo en tu iglesia".

Llegué el domingo y entré al Centro Cristiano Fruto de la Vid de los apóstoles Juan Luis y Angélica Calveti. Cuando di varios pasos, observé que había alguien muy conocida en las sillas del frente, lo cual provocó que me parara en seco y le pregunté en un tono fuerte a mi amigo: "Varón, ¿cuál es tu problema conmigo? ¿Por qué tú me haces esto?". Él me contestó: "¿Cuál es el problema, Chino?". Yo le dije: "¿Que cuál es el problema? El que se va a formar aquí, hermano. Aquí está mi esposa, aquí va a haber un problema, pues donde ella me ve, me quiere caer arriba [darle una paliza]". Él me dijo: "Tranquilo, aquí el Espíritu Santo tiene el control". Yo le dije: "Más te vale que tenga el control, porque aquí se va a formar un *revolú* [algarabía o bulla] cuando esa mujer me vea. Yo me quedo aquí atrás tranquilo y cuando termine me voy a las millas [rápido]". Pero él insistió y me dijo: "Hermano, aquí honramos a la mujer y nos gustaría que te sentaras al lado de ella". Después de insistirme un tiempo, accedí y me senté al lado de ella, pero dejando dos sillas de por medio por si acaso se le ocurría lanzarme algún golpe, yo poder esquivarlos.

Cuando ella vio quién era el que se había sentado a su lado, me dio una mirada de no muy buenos amigos y volteó su mirada rápidamente hacia el altar para no mirarme nuevamente. Fue un momento bastante tenso, pero yo me enfoqué en la predicación para no añadir más tensión. Realmente, la pastora estaba encendida, hablando en lenguas, reprendiendo, y todo eso que yo desconocía, lo que provocó que tuviera que tocar a mi esposa en su hombro y preguntarle: "¿Qué rayos le pasa a esta gente? ¿En dónde me metieron a mí?" Su respuesta fue: "Déjame tranquila que estoy recibiendo". Yo no entendía nada, pero sí estaba sintiendo cosas raras en mi cuerpo como si algo estuviera saliendo de mí. Ese día me fui de la iglesia sin entender casi nada, pero sabiendo que algo había pasado en mí.

Volví a visitar esa iglesia durante varios domingos, hasta que en una prédica la pastora comenzó a hablar sobre el perdón. Una presencia súper hermosa se apoderó de ese lugar. Era algo muy lindo hasta que a ella se le ocurrió hacer un llamado a pedir perdón. Ahí como que se me fue la unción y comencé a pensar: "Ajá, ya mismo se para una mujer ridícula a llorar y a pedir perdón y a hacer un *show*". Para mi sorpresa quien se levantó fue un hombre (Robert Hughes), se dirigió hacia el altar, le pidió el micrófono a la pastora, le pidió a su esposa que se parara y empezó a pedirle perdón reconociendo su falta en haberle fallado con otra mujer. Le decía: "Te pido perdón delante de esta congregación, porque te fallé como esposo y como cabeza del hogar, y quiero enmendar todo el daño que he causado. Quiero que también mis hijos se levanten, les quiero pedir perdón como padre, porque sé que herí su corazón. Pero hoy me comprometo delante de Dios, les prometo que no lo volveré a hacer y les prometo que seré un mejor padre para ustedes…"

Yo estaba escuchando a este hombre decir todo esto y yo quería salir corriendo de allí. Hasta me sentí indignado y perseguido, pues me llegaron pensamientos de que todo esto había sido arreglado para mí, pero era el mismo Espíritu Santo redarguyéndome y ministrando a mi corazón. Yo sentía como que me estaban rompiendo por dentro. Quería irme del lugar y buscaba que alguien me mirara para decir que me estaban presionando, pero nadie me miraba. Todas las miradas eran para este hombre que estaba abriendo su corazón y pidiendo una oportunidad a su familia para restaurarla. La ministración fue tan fuerte que comenzaron a brotar lágrimas de mis ojos, algo que no ocurría

…tú necesitas a aquel que me cambió a mí, y si hoy lo recibes como tu único y verdadero salvador, Él te puede ayudar"….

en mí, pues no lloraba por nada y era muy duro para ese tiempo. Mi esposa me miró como de lado para que no me diera cuenta de que me había visto y, muy sabia, no me dijo ni una palabra aunque sé que por dentro estaba diciendo: "Dale duro, dale duro, Espíritu Santo". También sé que se lo estaba disfrutando.

En ese momento, comencé a escuchar como una voz en mi mente que me decía: "Pide perdón". Yo creía que me la estaba inventando y no le hacía caso, pero la voz continuaba diciendo "Pide perdón". Así pasó un tiempo y yo no quería hacer caso, pero me dije: "¿Si es Dios hablándome y no pido perdón, y después me pasa algo y no tuve la oportunidad de hacerlo?". Entonces le dije a mi esposa: "Mira, yo no sé lo que está pasando aquí ni lo que le dio a este hombre, pero…(tragaba gordo y estaba nervioso), eh, quiero pedirte que me perdones también. Yo no he sido un buen esposo y mucho menos un buen padre". En ese momento mi esposa explotó en llanto, pues nunca había visto ni oído a su esposo pedir perdón. Sé que pensó: "Realmente Dios existe porque si este hombre tan duro pidió perdón es que sí existe". Y El Espíritu Santo no lo dejó ahí. Después de que yo me sentí que había hecho algo grande, la voz me dijo: "No es ahí, es en el altar". Yo dije: "Oh, no, yo ya lo hice y hasta aquí llegué".

Él comenzó a preguntarme: "¿Cómo crees que se sentía tu esposa cuando tenía que aguantar la burla y las murmuraciones de sus vecinas y amigas cuando iba a hacer sus encargos al mercado después que salían todos tus chismes en televisión y radio? ¿Cómo crees que se sentían tus hijos cuando en el colegio tenían que enfrentar a sus amiguitos que les preguntaban, '¿es verdad que tu papá está con otras mujeres que no es tu mamá?' ¿Se sentían orgullosos o avergonzados por tener un esposo y padre que no los respeta ni los honra?" Y le dije al Señor:

> *...si Dios me perdonó a mí, ¿quién soy yo para no perdonarte a ti?"*

"Está bien, no me digas más, por favor". "Pues te levantas ahora mismo y pides perdón". Así lo hice. Me levanté, fui al altar, tomé el micrófono, comencé a pedirles perdón a mi esposa y a mis hijos, y terminamos todos en el altar llorando y abrazándonos delante de Dios como Él lo quería y sabía que necesitaba mi familia. Dios había hecho un milagro en mi vida, en mi matrimonio y en mi familia.

CONSECUENCIAS DEL PECADO

Esa noticia se regó rápidamente. Ya se estaba restaurando mi matrimonio y estábamos todos felices, pero todo pecado tiene consecuencias. Después como de alrededor de dos meses, me hicieron una llamada y me informaron que tenía embarazada a una chica. En ese momento, no sabía qué hacer y dentro de mi desesperación llamé a mi pastora. Le dije que me iba de su iglesia y que ese mismo día me iba también de mi casa. Ella me dijo: "¿Qué es eso, mi niño, si Dios está haciendo grandes cosas en tu matrimonio?" Yo le dije: "Sí, grandísimas cosas está haciendo. Me acaban de llamar y me dijeron que tengo embarazada a una chica y yo no tengo cara para darles a mi esposa y a la congregación después de que le pedí perdón a mi esposa. ¿Qué van a pensar de mí? No, yo no vuelvo". Ella me dijo: "¿Te puedo hacer una pregunta: usted se entregó a Cristo?" Le contesté: "Sí". "¿Ya no vives tú, si no Cristo vive en ti?" Le respondí: "Sí". "Pues te tengo una noticia. Ya usted no se manda, usted murió y ya otro vive en ti y se llama Jesucristo". Ella me dejó sin palabras y me dijo: "Me haces el favor y te vas a tu casa con tu familia, y mañana hablamos y oramos para ver qué Dios tiene que decir de este asunto, pues Él no hace las cosas a lo loco y algo grande Él va a hacer. No sé cómo, pero lo va a hacer".

Me fui a mi casa y mi esposa me vio la cara de preocupación y me preguntó: "¿Te pasa algo? Te noto muy preocupado". Le contesté: "No, no, es que tengo en mi mente las deudas, tú sabes tengo que bregar con eso". Esa noche no pude dormir casi nada. Al otro día, me reuní con la pastora, hablamos y me dijo que aunque habláramos, tenía que enfrentar esta situación y decírselo a mi esposa en el tiempo indicado, no muy lejano, pues sabía que pronto se iba a saber. Norma podía enterarse por televisión o radio y era mejor que se enterara por mi propia boca. Pasaron como dos semanas y yo salía de viaje. La pastora me dijo: "Antes de que salgas de viaje tienes que decirle. Los vamos a reunir en la oficina, oramos y ahí le dices". Le dije: "Bien". Así lo hizo y nos reunimos en la oficina. Los pastores oraron y le dijeron a mi esposa: "Hermana, su esposo tiene algo que decirle". Ella me miró feliz, pues para ella su matrimonio estaba restaurado y no sabía la noticia tan fuerte que iba a recibir. Mi cara reflejaba vergüenza, tristeza y lágrimas, pues sabía que esta noticia iba a destrozar el corazón de mi esposa, pero tenía que llenarme de valor. Si había sido hombre para tomar esas decisiones que trajeron consecuencias, también tenía que ser hombre para enfrentarlas. Le di la noticia casi sin poder y haciendo señas, pues no sabía cómo decirle, no solo que tenía embarazada a una mujer, si no que era la mujer con quien ella ya sabía que yo le había sido infiel por varios años.

Además, ella había dado por terminada la relación, pero yo la continuaba, aún yendo a la iglesia.

Cuando le di la noticia, ella se desplomó al suelo en llanto y cayó a los pies de la pastora, gritando: "¿Por qué? ¿Por qué? ¿Por qué con ella?". Fue algo muy desgarrador; una escena muy dolorosa. Yo no sabía qué iba a pasar. No esperaba que ella me perdonara. Esperaba todo lo malo y pensé: "Bueno, ya me fastidié. Ahora me pone el divorcio por adulterio y me quita todo. Hasta aquí llegó el hijo de Priscilla". Después de varios minutos de mi esposa estar llorando, se levantó del suelo, se secó las lágrimas y me dijo con autoridad, mirándome a los ojos: "Te voy a decir una cosa, si Dios me perdonó a mí, ¿quién soy yo para no perdonarte a ti?". Esa contestación me voló la cabeza. Era algo que nunca esperé. Era una oportunidad que solo Dios me estaba dando y tenía que aprovecharla. Yo sabía que mi esposa tomó esa decisión en obediencia, pues sé que lo que ella realmente quería hacer era arrancarme la cabeza. Más adelante aprendí que el perdón es una decisión y no un sentimiento.

Capítulo 6:

EL ACOSO DE DIOS

EN EL AÑO 2003, *Grupo Manía* se ganó un Grammy y participamos en un gran Festival Latino en el estadio de los Magic en Orlando, Florida, frente a miles de personas, donde compartimos tarima con grandes luminarias del mundo artístico. Al día siguiente en el grupo discutíamos unos planes para ir de gira a varios países europeos y había muchos factores que me inquietaban.

No estaba de acuerdo en los pormenores del acuerdo para el viaje. Además, alguien había soñado con un desastre aéreo relacionado con ese viaje y ya había un precedente de otro accidente aéreo. Para una gira anterior, *Zona Roja* iba a viajar en el vuelo TWA 800 y uno de sus miembros, quien ya en aquel momento se había convertido al cristianismo, Junior Castillo, había tenido un sueño de que el avión en que viajarían se iba a estrellar. Él no viajó e incluso se salió del grupo para no ir al viaje. Al grupo que sí prosiguió con el viaje afortunadamente lo cambiaron de vuelo, es decir, de avión, pero el vuelo de TWA 800 sí despegó y lamentablemente se cumplió el sueño que tuvo mi amigo Junior. Ese avión se accidentó y nadie sobrevivió.

Un amigo del conguero del grupo tuvo un sueño de que se caía el vuelo para Europa que nosotros íbamos a tomar

Si conoces tu condición y debilidad, tienes que autodisciplinarte...

y yo dije en ese momento que no iba para ese viaje. Lo mismo dijo mi compañero del grupo, Alfred, y como anteriormente habíamos tenido algunos desacuerdos con el dueño del grupo, después de una reunión que tuvimos nos despidieron de *Grupo Manía* a los dos. Yo quedé sin ingresos y con deudas de alrededor de $7,000 mensuales. Tuve que retirar un depósito de una casa que estaba comprando, sacar los ahorros que tenía, vender mi Corvette, que era el carro de mis sueños, y estaba a punto de saldar y vender otras posesiones más.

Para el 2003, seguía la relación extramarital con la madre de mi hija Alondra después de que mi esposa me había perdonado, y pretendía tener contentas a las dos, hasta que Normi se enteró de mi doble vida y me dijo: "Te vas". Yo creía que era algo que había dicho de "la boca para fuera", como dicen en Puerto Rico, es decir, que no lo iba a cumplir, pero sí lo cumplió y me sacó de la casa. Tuve que agarrar todas mis pertenencias, irme a la casa de mi madre y volver a ese cuarto donde viví en mi tiempo de soltero. Lo único era que esa habitación estaba llena de polvo y de cosas que ya no se usaban en la casa. Habilité una esquina de la habitación y agarré un "comforter" grueso que tenía disponible mi madre, un abanico de piso que lo que hacía era levantar el polvo del piso y esa fue mi cama. Yo creía que esta decisión de mi esposa sería por un corto tiempo, alrededor de dos semanas, y volvería a la casa como otras veces, pero no fue así. Dormí en el suelo durante tres meses esperando volver a la casa, lo que nunca ocurrió. Mi esposa decidió vender la casa e irse a vivir al pueblo donde vivían sus padres, y así lo hizo. Me dijo que ya ella había hecho todo lo posible para mantener nuestro matrimonio y que había perdonado como Dios le había dicho, pero que ya no soportaría más el dolor que yo le estaba causando, que ella era valiosa y que se iba a valorar como mujer.

> *Me dediqué a someterme a Dios y Él se encargó de lo demás.*

Intenté formalizar mi relación con la otra persona, con quien nunca había convivido a pesar de mis diez años de relación con ella, pero durante ese tiempo, a ella también la invitaron a la iglesia y comenzó a oír la Palabra de Dios. La invitaron a un retiro, se convirtió a Cristo y decidió terminar la relación que tenía conmigo. Entonces, en ese momento decidí quedarme solo y no seguir cometiendo errores y decisiones a lo loco, hasta resolver mi situación personal. Mi esposa no quería estar conmigo, tampoco la otra y ya no sabía qué hacer.

Estaba fuera de la iglesia, me fui a la calle y no me sentía cómodo aquí ni allá. Creé un grupo musical, pero no resultó como esperaba. Me quedé solo; todos los caminos se me cerraron, lo que me quedaba eran peleas con mi esposa por el dinero, la pensión de los niños y mi soledad y amargura. Después de varios meses de mi esposa alejarse de Dios y de la iglesia, se reconcilió con el Señor y volvió a servirle con todas sus fuerzas. Normi estaba firme en la iglesia nuevamente y yo decía: "Bien para ella", pero a mí me resultaba indiferente. Ella me hablaba y lanzaba la Palabra de Dios en la cara y me profetizaba, pero eso me molestaba. Yo la evitaba. Después de un tiempo, volví a asistir a la iglesia a buscar de Dios, no para volver con mi esposa. Tampoco lo hacía por ella, ya que visitábamos la misma iglesia, pero también lo hacía para molestarla, pues ella tenía una posición de liderazgo y yo quería que se enteraran de que estábamos mal. Entonces a pesar de mi condición e intención, la Palabra me confortaba y ministraba y empecé a buscar a Dios realmente y de corazón. Le dije a Dios: "Si no te respeto a ti, no puedo respetarme a mí mismo". Decidí serle fiel a Dios primero y después a mí mismo.

Decidí no estar con ninguna mujer, ni con mi esposa, mantenerme solo y puro. Y así lo hice alrededor de dos años. No quería que me hablaran del matrimonio ni de mi matrimonio. Le decía a los que trataban de hablarme sobre el tema: "Háblame de la Palabra y no de matrimonio". Yo pretendía, con todo mi corazón y mis fuerzas, tener una relación poderosa con Dios y lo buscaba con intensidad, pero insistía tercamente en no resolver mi situación matrimonial. Vivía en el que había sido mi cuarto en casa de mi madre para evitar cualquier tentación, ya que era muy fácil para mí caer en pecado nuevamente si vivía en cualquier otro lugar, así que me autodiscipliné para vivir en la casa de mi madre, pues sabía que tenía que respetarla y así mantener mi fidelidad a Dios y a mí mismo. Si conoces tu condición y debilidad, tienes que autodisciplinarte y no dejar que por ninguna circunstancia ni motivo caigas y le falles a Dios. Aun por encima de ti mismo tienes que permanecer en tu decisión.

En la Palabra dice que Dios nos dio espíritu de poder,

autoridad y dominio propio (ver 2 Timoteo 1:7). Es decir, al recibir a Cristo como Salvador, Él me equipa con el dominio propio y yo tengo que tomar autoridad con el poder que ya Él me dio y ejercer este don y virtud que me han sido dados, no ignorando las artimañas de nuestro adversario el diablo que está como león rugiente buscando a quién devorar y hacer caer. Fue en ese tiempo que Dios empezó a inquietarme y a ministrar mi vida de una manera directa y muy personal. En ese mismo tiempo, mi hija mayor cumplía quince años y como regalo de sus quince le regalé un viaje a Orlando, Florida, junto a su madre y su hermano, para que disfrutara de su cumpleaños, aunque yo no pudiera disfrutarlo junto a ella. En esos días, también mi amigo Junior Castillo, quien me había presentado el plan de salvación, tenía que ministrar en Puerto Rico y me invitó a acompañarlo. Lo acompañé y disfruté de su amistad y de la Palabra que trajo esa noche. Estaba entrando a un tiempo donde quería ir a la iglesia y escuchar Palabra de todos. Ya no quería que otra gente me hablara; quería que Dios directamente me hablara. Yo no creía en la gente, ni en lo que me decían de parte de Dios. Yo quería que Él directamente me hablara. Desde esa ministración y dondequiera que iba, oía que "no es bueno que el hombre esté solo". Dios empezó a acosarme violentamente. Sí, Dios me acosó.

> *...empezamos a desarrollar un amor maduro y sólido, con raíces profundas en el amor, la confianza y la obediencia en Dios.*

Oraba de rodillas en mi cuarto y Dios me hablaba. Me decía: "Muévete", pero yo no quería buscar a Normi. Me volví loco con Dios y escuchaba prédicas continuamente, pero entonces prendía el televisor y el predicador estaba hablando del matrimonio. Cambiaba de canales y hablaban de lo mismo. Acababa apagando el televisor porque me ponía furioso cuando hablaban del matrimonio.

El pastor Rey Matos, tremendo amigo ministro y pastor que nos había dado consejería, le había regalado y autografiado a Normi su recién publicado libro *La mujer, el sello de la creación*.

Normi me había dado el libro para que lo leyera, pero yo me había dicho: "Yo no voy a leer eso". Por no querer escuchar más las prédicas, me decidí a leerlo y el libro me desbarató. Dios me dijo: "Ve y pide perdón". Pero pensé: "Yo no puedo ni hablarle a Normi; si yo no me creo a mí mismo, ella no me va a creer". Entonces comencé a escribirle a Normi en una carta todo lo que me había pasado esa semana, para que me creyera, y en ella también le decía: "Dios me dijo que te pidiera perdón".

Cuando ella llegó de viaje junto a mis hijos fui a darle la carta a la casa de su madre, y le dije: "No quiero estar aquí, pero estoy en obediencia porque Dios me tiene loco. Te pido perdón en obediencia a Dios, como hombre, por mi ignorancia". Normi no me creyó, y la verdad es que yo no me creía ni a mí mismo. Lo hacía por obediencia. Ella me contestó: "La Palabra de Dios dice que 'por sus frutos los conoceréis'. Cuando me des frutos, te creeré". Yo le dije: "De ahora en adelante voy a dar frutos y voy a someterme a Dios". Mi problema era que yo tenía un *"freak"* [ser un fanático] con Dios, pero no quería resolver mi situación matrimonial. Dios ahora estaba trabajando directamente conmigo y yo decidí someterme a Él y a los pastores.

Celebré en la iglesia una conferencia de prensa y renuncié públicamente a la música secular, además de botar mi celular para evitar escuchar cualquier comentario u opinión que pudiera hacerme desistir de mi decisión de consagrarme y separarme para Dios. Me sometí voluntariamente e hice todos los ayunos que me indicaron en todos los lugares que me dijeron (una loma, un cuarto en la iglesia), durante los días que me dijeron, tres días varias veces corridas y varios otros de siete días encerrado en un cuarto a solas con Dios y su Palabra, rompiendo toda atadura y toda simiente de pecado que existiera todavía en mí. Leí todos los libros que me asignaron, hice resúmenes, contesté preguntas sobre los libros y me dejé discipular. No busqué la reconciliación matrimonial. Me dediqué a someterme a Dios y Él se encargó de lo demás. Cuando vieron mi compromiso con Dios, todos empezaron a creerme y decían: "¡Wao! ¿Qué pasó contigo?". Cuando Normi me vio, que no estaba buscándola a ella, sino buscando a Dios, ella pensó: "Si

Dios está en él, yo puedo confiar en el Dios que mora en él. No en él, sino en Dios". Y me dijo: "Yo veo a Dios en ti". Ella sabía que, como dice la Palabra: "Todo aquel que es nacido de Dios, no practica el pecado, porque la simiente de Dios permanece en él; y no puede pecar, porque es nacido de Dios" (1 Juan 3:9).

Entonces empezamos a salir y a compartir como novios. Salíamos al cine, a comer, a la iglesia, durante varios meses. Hablamos con los pastores y reiniciamos nuestra relación, ambos con miedo: ella a que yo volviera a mi conducta anterior y yo a que me lo sacara todo en cara todos los días. Pero Dios nos envió a dos ángeles, los pastores Robert y Wanda Colón, con quienes estuvimos en consejería durante dos años, desde antes de mi consagración hasta después que decidimos vivir juntos nuevamente. Antes de mi consagración discutíamos mucho y tuvieron que decidir darnos la consejería aparte, individualizada, para no confrontarnos. Ambos éramos muy orgullosos, dos "jueyes machos", como decimos en Puerto Rico. Ninguno quería dar el brazo a torcer. Después de mi consagración, comenzamos a ceder cada uno, primeramente para agradar a Dios, pues si le faltaba el respeto a mi esposa y ella a mí se lo estábamos faltando a Dios, y nuestros hijos no iban a confiar en nosotros y tampoco creerían en nuestra restauración. Poco a poco, en Dios y con el apoyo de su poderosa Palabra, las barreras comenzaron a caer y empezamos a desarrollar un amor maduro y sólido, con raíces profundas en el amor, la confianza y la obediencia en Dios. Cuando se ama en el amor de Dios, entonces ya no hay miedos ni temores porque la Escritura lee en 1 Juan 4:18: "En el amor no hay temor, sino que el perfecto amor echa fuera el temor; porque el temor lleva en sí castigo. De donde el que teme, no ha sido perfeccionado en el amor".

> *...empezamos a desarrollar un amor maduro y sólido, con raíces profundas en el amor, la confianza y la obediencia en Dios*

Hoy llevamos la Palabra de restauración individual y matrimonial en Cristo a toda América Latina y los Estados Unidos, y sabemos que Dios no tiene fronteras para el trabajo que nos ha encomendado. Aunque durante esos dos años, cuando me sometí a Dios intensamente, no me interesaba ser ministro ni pastor, mi pasión por ayudar a otros fue creciendo al sentirme más compenetrado con el Señor. En el año 2006, Normi y yo fuimos ungidos y ordenados ministros en el Centro Cristiano Fruto de la Vid, por los apóstoles y pastores Juan Luis y Angélica Calveti, a quienes estaremos eternamente agradecidos por haber sido los instrumentos de Dios para formarnos como líderes y ministros del Señor. Gracias por su sabiduría, por tener paciencia con estos "toros salvajes" que éramos cuando llegamos a su iglesia e inculcarnos el temor a Dios y el respeto por su altar. Mi familia y yo les estaremos por siempre agradecidos.

Capítulo 7:

GUERRA Y OBEDIENCIA

L A GUERRA ESPIRITUAL es muy real. En Isaías 55:11 dice que la Palabra de Dios no tornará atrás vacía, sino cumplirá el propósito para el cual fue enviada. Cuando hay pacto con Dios y se declara y profetiza la Palabra, esa Palabra que es espíritu y vida, va a traer vida e impartirá al espíritu. La Palabra también dice que nuestra lucha no es contra carne ni sangre, sino "contra principados, contra potestades, contra los gobernadores de las tinieblas de este siglo, contra huestes espirituales de maldad en las regiones celestes" (Efesios 6:12). Aunque hemos sido bendecidos "con toda bendición espiritual en los lugares celestiales en Cristo" (Efesios 1:3), nótese que el mismo autor, el apóstol Pablo, quien primeramente dice eso, es quien más adelante reconoce que hay una guerra librándose en los aires, en el ámbito espiritual, además de otra que se libra en el ámbito natural. Él lo sabía muy bien, pues en un tiempo casi se frustra cuando hacía lo que no quería, mas lo que quería hacer no podía.

Hay una guerra entre el espíritu y la carne. El enemigo nos odia en gran manera, pues solo al hombre se le dio lo que un día él anheló y no pudo conseguir, y por lo cual fue echado de su posición y del cielo. *"¡Cómo caíste del cielo, oh Lucero, hijo de la mañana! Cortado fuiste por tierra, tú que debilitabas a las naciones. Tú que decías en tu corazón: Subiré al cielo; en lo alto, junto a las estrellas de Dios, levantaré mi trono, y en el monte del testimonio me sentaré, a los lados del norte; sobre las alturas de las nubes subiré, y seré semejante al Altísimo. Mas tú derribado eres hasta el Seol, a los lados del abismo"* (Isaías14:12-14). ¿De qué hablo? De la imagen y semejanza de Dios. Lee cómo lo dice la Palabra en Génesis 1:26-28: *"Entonces dijo Dios: Hagamos al hombre a nuestra imagen, conforme a nuestra* semejanza; y señoree en los peces del mar, en las aves de los cielos, en las bestias, en toda la tierra, y en todo animal que se arrastra sobre la tierra. Y creó Dios al hombre a su imagen, a imagen de Dios lo creó; varón y hembra los creó. Y los bendijo Dios, y les dijo: Fructificad y multiplicaos; llenad la tierra, y sojuzgadla, y señoread en los peces del mar, en las aves de los cielos, y en todas las bestias que se mueven sobre la tierra".*

Wao, no solamente nos dio su semejanza, sino también nos dio el poder y la autoridad para señorear y sojuzgar lo creado por Dios. Es por eso que el enemigo insiste en dañarnos, pero como no nos puede tocar, nos pone pensamientos en la mente para manipularnos a través de las emociones. Después espera sigilosamente para ver qué vamos a hacer con esos

> *Hay una guerra entre el espíritu y la carne.*

pensamientos, para luego hacernos sus marionetas y acusarnos todos los días poniendo pensamientos de mal. Si permitimos que los pensamientos se queden en nuestra mente, los alojamos y los rumiamos, bajarán al corazón. Si bajan al corazón producirán lo que se llama iniquidad, esta se convierte a su vez en maldad. La maldad dará a luz al pecado y la paga del pecado es muerte. Tú puedes ser tu peor enemigo. Por eso tenemos que llevar todo pensamiento cautivo a Cristo, como dice la Palabra: *"Derribando argumentos y toda altivez que se levanta contra el conocimiento de Dios, y llevando cautivo todo pensamiento a la obediencia a Cristo"* (2 Corintios 10:5) para pensar en *"todo lo que es verdadero, todo lo honesto, todo lo justo, todo lo puro, todo lo amable, todo lo que es de buen nombre; si hay virtud alguna, si algo digno de alabanza, en esto pensad"* (Filipenses 4:8).

En nuestro caso, Normi se envolvió en creer, declarar y profetizar la Palabra de Dios contra todo lo que estaba pasando en nuestras vidas y en nuestro matrimonio, y fue firme y certera en declarar y profetizar a mi espíritu la Palabra correcta. Ella sabía que aunque el dolor y la decepción estaban presentes, había una verdad disponible que es la Palabra y esta trae libertad al cautivo. Pero necesita a alguien que crea con una fe activa, no una fe pasiva o paralizada, sino una que está en movimiento, en acción, pues derribará todo lo que ha traído o establecido la maldad. *Santiago 2:20 lee: "¿Mas quieres saber, hombre vano, que la fe sin obras es muerta?"*. Es decir, tu fe necesita acción. Hoy te animo para que te levantes en fe, y por encima de tu circunstancia y tu realidad, comiences a declarar y a profetizar la Palabra que es la verdad y libertará al cautivo.

La Palabra profética, que es espíritu y vida, penetra como espada de dos filos, se aloja y fluye dentro del hombre. Normi me la declaraba y hasta me la gritaba en la cara cada vez que me veía y yo le decía: "Tú estás loca, déjame quieto, qué te metió esa gente". Pero la Palabra se quedaba en mí. Yo no sabía ni entendía por qué me sentía tan acosado por Dios todo el tiempo. Dios no me dejaba quieto. Me hablaba continuamente de diferentes maneras. Me decía una y otra vez que pidiera perdón. Aún así, me negaba y rehusaba por orgullo; tener que humillarme ante Dios y perdirle perdón a mi esposa. Mi arrogancia de hombre me hacía enojar y no quería recibir el rechazo de ella. Yo no quería restaurar mi matrimonio, aunque estaba siendo obediente a Dios en seguirlo a Él. Hasta que me di cuenta de que si hacía las cosas a mi manera y no de la manera que Dios quería, las cosas no resultaban como yo esperaba. Entonces le dije a Dios: "Voy a obedecerte y voy a hacer las cosas a tu manera. Lo que tú me digas, lo voy a hacer".

Esas palabras en el ámbito espiritual fueron de gran poder, pues las dije desde lo más profundo de mi corazón y muchas cosas comenzaron a suceder rápidamente en mi vida. Dios me rompió y me purificó para el nuevo tiempo de mi vida. Yo sé que aquel acoso divino inexplicable en un momento dado era resultado de la guerra espiritual librada profetizando la Palabra de Dios. Así como la semilla cae y muere para entonces germinar, crecer y dar fruto, así mismo el hombre tiene que morir a los malos placeres de este mundo, los malos pensamientos, los malos modelajes, las malas enseñanzas, para poder someterse a Dios e injertar nuevos pensamientos, sacar la basura que ha

> *Tú puedes ser tu peor enemigo.*

recibido, creído y practicado, y permitir que el Señor regenere y renueve todo entendimiento, como dice la Palabra: *"No os conforméis a este siglo, sino transformaos por medio de la renovación de vuestro entendimiento, para que comprobéis cuál sea la buena voluntad de Dios, agradable y perfecta"* (Romanos 12:2) y *"renovaos en el espíritu de vuestra mente"* (Efesios 4:23).

Tenemos que renovar nuestra mente, nacer de nuevo, hacer morir nuestra carne y nacer en el espíritu para poder ver y experimentar los milagros y la vida en abundancia del Reino de Dios, la cual ha separado para nosotros. Jesús le dijo a Nicodemo, un maestro de Israel, así:

> *"Respondió Jesús y le dijo: De cierto, de cierto te digo, que el que no naciere de nuevo, no puede ver el reino de Dios. Nicodemo le dijo: ¿Cómo puede un hombre nacer siendo viejo? ¿Puede acaso entrar por segunda vez en el vientre de su madre, y nacer? Respondió Jesús: De cierto, de cierto te digo, que el que no naciere de agua y del Espíritu, no puede entrar en el reino de Dios. Lo que es nacido de la carne, carne es; y lo que es nacido del Espíritu, espíritu es"* (Juan 3:4-6).

Es imposible experimentar la vida de Dios teniendo la mentalidad que este mundo ha puesto en nosotros. Es necesario que desafiemos nuestra mente a desechar toda la basura de este mundo y dejar de pensar como este piensa, además de morir a él y atrevernos a nacer en el espíritu para acceder a lo sobrenatural de Dios y creer que cosas mayores haremos en el nombre de Jesús.

En este mi nuevo tiempo como hombre de Dios y ministro del Señor, quiero mostrarte lo que dice la Palabra sobre las conductas nefastas que el mundo le hace creer al hombre que son buenas y no lo son. Pido a Dios que esta Palabra penetre en ti como se hizo parte de mí, como la espada de dos filos que es; que penetre

> *La Palabra profética, que es espíritu y vida, penetra como espada de dos filos, se aloja y fluye dentro del hombre.*

hasta lo más profundo y traiga a tu vida el arrepentimiento y la restauración que necesitas. Pido a Dios que esta Palabra a su vez produzca vida donde hay muerte y se desaten la bendición sobrenatural y el cumplimiento de todas las promesas que estás esperando.

Los deseos de los ojos, la vanagloria y la fama

"No améis al mundo, ni las cosas que están en el mundo. Si alguno ama al mundo, el amor del Padre no está en él. Porque todo lo que hay en el mundo, los deseos de la carne, los deseos de los ojos, y la vanagloria de la vida, no proviene del Padre, sino del mundo" (1 Juan 2:15-16).

"Digo, pues, por la gracia que me es dada, a cada cual que está entre vosotros, que no tenga más alto concepto de sí que el que debe tener, sino que piense de sí con cordura, conforme a la medida de fe que Dios repartió a cada uno" (Romanos 12:3).

"...pero si tu ojo es maligno, todo tu cuerpo estará en tinieblas. Así que, si la luz que en ti hay es tinieblas, ¿cuántas no serán las mismas tinieblas?" (Mateo 6:23).

Tentaciones

"Entonces Jesús fue llevado por el Espíritu al desierto, para ser tentado por el diablo. Y después de haber ayunado cuarenta días y cuarenta noches, tuvo hambre" (Mateo 4:1-2).

"Bienaventurado el varón que soporta la tentación; porque cuando haya resistido la prueba, recibirá la corona de vida, que Dios ha prometido a los que le aman" (Santiago 1:12).

Amor al dinero, codicia

"El que ama el dinero, no se saciará de dinero; y el que ama el mucho tener, no sacará fruto. También esto es vanidad" (Eclesiastés 5:10).

"...porque raíz de todos los males es el amor al dinero, el cual codiciando algunos, se extraviaron de la fe, y fueron traspasados de muchos dolores" (Timoteo 6:10).

La mentira

"Por el pecado de su boca, por la palabra de sus labios, Sean ellos presos en su soberbia, Y por la maldición y mentira que profieren" (Salmo 59:12).

"El que encubre sus pecados no prosperará; Mas el que los confiesa y se aparta alcanzará misericordia" (Proverbios 28:13).

"Vosotros sois de vuestro padre el diablo, y los deseos de vuestro padre queréis hacer. Él ha sido homicida desde el principio, y no ha permanecido en la verdad, porque no hay verdad en él. Cuando habla mentira, de suyo habla; porque es mentiroso, y padre de mentira" (Juan 8:44).

"Los labios mentirosos son abominación a Jehová; Pero los que hacen verdad son su contentamiento" (Proverbios 12:22).

Insensibilidad

"Esto, pues, digo y requiero en el Señor: que ya no andéis como los otros gentiles, que andan en la vanidad de su mente, teniendo el entendimiento entenebrecido, ajenos de la vida de Dios por la ignorancia que en ellos hay, por la dureza de su corazón; los cuales, después que perdieron toda sensibilidad, se entregaron a la lascivia para cometer con avidez toda clase de impureza" (Efesios 4:17-19).

Adulterio

"Mas el que comete adulterio es falto de entendimiento; Corrompe su alma el que tal hace" (Proverbios 6:32).

El matrimonio

"...que cada uno de vosotros sepa tener su propia esposa en santidad y honor" (1 Tesalonicenses 4:4).

"Honroso sea en todos el matrimonio, y el lecho sin mancilla; pero a los fornicarios y a los adúlteros los juzgará Dios" (Hebreos 13:4).

Sometimiento a Dios

"Someteos, pues, a Dios; resistid al diablo, y huirá de vosotros" (Santiago 4:7).

"Humillaos delante del Señor, y él os exaltará" (Santiago 4:10).

"Y si el Espíritu de aquel que levantó de los muertos a Jesús mora en vosotros, el que levantó de los muertos a Cristo Jesús

vivificará también vuestros cuerpos mortales por su Espíritu que mora en vosotros" (Romanos 8:11).

"No tendrás temor de pavor repentino, Ni de la ruina de los impíos cuando viniere" (Proverbios 3:25).

Oración

> *Padre, en el nombre de Jesús, yo declaro que toda persona que hoy lee este libro se arrepiente, renuncia, se aparta del pecado y declara libertad sobre su vida. Yo creo y declaro que a través de la lectura de este libro recibirá libertad de todo pecado y de toda atadura que lo ha mantenido preso(a). Declaro a los aires que todo espíritu que no permite que sea libre huye a causa de tu presencia y por el poder de tu Palabra; que cada persona que así lo necesita identifica cuál es el área donde necesita liberación y renuncia a esa conducta que lo(a) ha mantenido inhabilitado(a) para experimentar la plenitud y la paz que solo tú sabes dar y que tanto nosotros necesitamos. Declaro que tu espíritu entra y llena cada lugar vacío en su vida. Declaro que llega la restauración anhelada y cada persona podrá dar testimonio de tu poder y decir que si se somete a ti, mi Rey, tendrá bendición, en el nombre de Jesús, amén.*

Capítulo 8:

ÁREAS EN TINIEBLAS Y CAUTIVIDAD...A PESAR DE CRISTO

ESTE CAPÍTULO ES bien especial para mí, pues voy a hablar de algo de lo que tuve que darme cuenta en mi camino con el Señor. En mis comienzos en el evangelio, no quería aceptar que estaba mal y que estaba atado a una conducta que me mantenía cautivo. ¿Por qué te hablo de esto? Porque no podía ver el cumplimiento de las promesas que Dios había dicho sobre mi vida, aún estando en la iglesia, ofrendando y diezmando. En varios momentos me frustré y me molesté con Dios, pues creía que Él se había olvidado de mí y nunca podría ver cumplidas esas promesas, mientras veía y escuchaba a otras personas hablar de cosas maravillosas, dando testimonio de milagros de todas clases, mientras yo no veía nada sucediendo conmigo.

En el Salmo 107:10-12 dice así: *"Algunos moraban en tinieblas y sombra de muerte, Aprisionados en aflicción y en hierros, Por cuanto fueron rebeldes a las palabras de Jehová, Y aborrecieron el consejo del Altísimo. Por eso quebrantó con el trabajo sus corazones; Cayeron, y no hubo quien los ayudase"*. Le entregué mi corazón a Cristo, pero quería llevar el evangelio a mi manera y buscaba la Palabra de Dios que me convenía. En momentos cuando predicaban de victoria, de ser bendecidos y ser prosperados, esas eran mis prédicas favoritas, pero cuando era Palabra que me confrontaba y que tocaba el área donde yo estaba en tinieblas y tenía que arreglar o crecer, me sentía incómodo, y decía que esa prédica no me había gustado tanto. ¡Claro, si tocaban áreas en las que yo no había sido libre!

Cuando nosotros estamos en la iglesia recibiendo la Palabra y no nos sometemos a ella, ya conociéndola, nos es contado como rebeldía. Es a causa de nuestra rebeldía y concupiscencia que no nos podemos someter y ser totalmente libres. Podemos estar atados a esos deseos, sentimientos, relaciones y emociones que nos hacen cautivos y nos encierran de tal manera que no nos damos cuenta de que tenemos que confesar y ser libres de nuestros pecados, renunciar a ellos y someternos genuinamente a la Palabra, que es la verdad, para que esta nos haga libres. En mi caso, estas ataduras eran el adulterio y la fornicación, pero hay otras como alcoholismo, pornografía, bisexualismo, drogadicción, homosexualismo, lesbianismo, violencia doméstica, amargura, falta de perdón y baja autoestima. Tus padres te rechazaron y te despreciaron; alguien te violó, te dañó y te marcó; estás en una relación dañina y abusiva y no sabes cómo salir; estás en una relación de fornicación; estás con una mujer u hombre casado y lo sabes; y aún estando en la iglesia no has podido ser libre y salir de esa conducta que te tiene atado. Este es tu tiempo para pararte de frente a lo que te tiene atado, arrepentirte y renunciar, hablarle con autoridad y decidir ser libre de una vez y por todas de esta atadura o sentimientos que te mantienen paralizado y no te permiten que la plenitud de Dios y sus bendiciones se manifiesten en tu vida.

Yo estaba en la iglesia, pero la atadura que tenía todavía seguía persiguiéndome, al no morir a mi voluntad, a mis deseos, a mis sentimientos y a las relaciones que sabía que estaban mal. Estas emociones hacían que volviera a caer en el pecado. Aunque yo quería cambiar, mi carne y mi voluntad de hombre seguían saboteando lo que el Espíritu quería hacer en mí. Hay un refrán en Puerto Rico que dice que somos como el cabro, que siempre tiramos para el monte. Yo tenía que hacer morir esas ataduras, pero como seguía en el ambiente de la música y al mismo tiempo en la iglesia, tenía toda clase de tentaciones y oportunidades de volver al pecado y volver a acostarme con mujeres y volver al desenfreno. Volvía a caer en pecado a causa de mi falta de dominio propio.

Otra cosa que hice fue que interpretaba la Palabra como prefería y no me sometía a ella, pues quería vivir el evangelio a mi manera y quería acomodarlo a mi vida cuando era mi vida la que se tenía que acomodar y someter al evangelio. Los padecimientos y el no cumplirse las promesas en mí fueron la causa de mi rebeldía contra las palabras, propósitos y promesas de Dios para el bien de mi vida. Esto me lleva al momento donde Dios se arrepiente de haber puesto rey a su pueblo, a causa de la desobediencia de Saúl hacia Él, en 1 Samuel 15: 11: *"Me pesa haber puesto por rey a Saúl, porque se ha vuelto de en pos de mí, y no ha cumplido mis palabras. Y se apesadumbró Samuel, y clamó a Jehová toda aquella noche"*. Y luego en los versículos 22 y 23 viene el resultado de la desobediencia del rey Saúl cuando Samuel le dice: *"¿Se complace Jehová tanto en los holocaustos y víctimas, como en que se obedezca a las palabras de Jehová? Ciertamente el obedecer es mejor que los sacrificios, y el prestar atención que la grosura de los carneros. Porque como pecado de adivinación es la rebelión, y como ídolos e idolatría la obstinación. Por cuanto tú desechaste la palabra de Jehová, él también te ha desechado para que no seas rey"*.

Ahí está el resultado de la desobediencia a las palabras de Dios. Nosotros podemos estar en la iglesia y escuchar la Palabra, pero si no obedecemos y no nos sometemos a ella, nos es contado como rebeldía y hasta incluso como idolatría, pues estamos poniendo a la persona, relación, sentimiento, conducta y/o adicción por encima de Dios, cuando Él merece el primado de nuestras vidas. La buena noticia es que si nos arrepentimos y le pedimos perdón a Dios, seremos libres de esas ataduras y hallaremos el oportuno socorro que necesita nuestra alma como dice en el Salmo 107:13 y 14: *"Luego que clamaron a Jehová en su*

> *Este es tu tiempo para pararte de frente a lo que te tiene atado, arrepentirte y renunciar, hablarle con autoridad y decidir ser libre de una vez...*

angustia, los libró de sus aflicciones; los sacó de las tinieblas y de la sombra de muerte, y rompió sus prisiones". Y los versículos del 16 al 20 dicen: *"Porque quebrantó las puertas de bronce, y desmenuzó los cerrojos de hierro. Fueron afligidos los insensatos, a causa del camino de su rebelión y a causa de sus maldades; su alma abominó todo alimento, y llegaron hasta las puertas de la muerte.*

Pero clamaron a Jehová en su angustia, y los libró de sus aflicciones. Envió su palabra, y los sanó, y los libró de su ruina".

Es decir que solo Dios a través de tu sometimiento puede romper esas ataduras, liberarte y sacarte de esas áreas en tinieblas y de cautividad que no te han permitido gozar y disfrutar de las bendiciones y del cumplimiento de todas las promesas que Dios ha dicho que te pertenecen. Si te humillas y clamas a Dios, Él te librará de tu esclavitud y te sacará de ese calabozo oscuro con rejas y puertas de metal, donde has estado encarcelado. Así como la desobediencia y falta de sometimiento a Dios puede traer maldición y sufrimiento a tu vida, de la misma manera la obediencia a Él te traerá su favor y gracia además de bendiciones y su protección divina. Lo podemos ver en este pasaje bíblico en Job 1:8-10 que dice: *"Y Jehová dijo a Satanás: ¿No has considerado a mi siervo Job, que no hay otro como él en la tierra, varón perfecto y recto, temeroso de Dios y apartado del mal? Respondiendo Satanás a Jehová, dijo: ¿Acaso teme Job a Dios de balde? ¿No le has cercado alrededor a él y a su casa y a todo lo que tiene? Al trabajo de sus manos has dado bendición; por tanto, sus bienes han aumentado sobre la tierra".*

Y en el libro de Samuel nos deja saber que aunque los hijos del sacerdote Elí no respetaron el sacerdocio de su padre, el joven Samuel permanecía en obediencia a Dios por encima de todo, y observa lo que la Palabra dice en 1 Samuel 2:26: *"Y el joven Samuel iba creciendo, y era acepto delante de Dios y delante de los hombres".*

> *Si te humillas y clamas a Dios, Él te librará de tu esclavitud*

Es decir que tu obediencia desatará el favor y la gracia de Dios en tu vida, no solamente agradándole a Él, sino también los hombres, incluyendo tu familia y amigos, se sentirán orgullosos de ti. Te lo digo más sencillo: te darán la admiración, el respeto y la honra que solo tu obediencia puede provocar.

"Bienaventurado el varón que soporta la tentación; porque cuando haya resistido la prueba, recibirá la corona de vida, que Dios ha prometido a los que le aman" (Santiago 1:12). Tendrás separada una

corona de vida que solo Dios sabe dar allá en el cielo, pero ahí no para la bendición porque Él da más abundantemente de lo que esperamos. En adición a esa bendición, aquí en la tierra te dará un sinnúmero de beneficios, entre ellos varios enumerados en el Salmo 103:3-6: *"Él es quien perdona todas tus iniquidades, el que sana todas tus dolencias; el que rescata del hoyo tu vida, el que te corona de favores y*

> ...*tu obediencia desatará el favor y la gracia de Dios en tu vida,...*

misericordias; el que sacia de bien tu boca de modo que te rejuvenezcas como el águila. Jehová es el que hace justicia y derecho a todos los que padecen violencia".

Con todos estos beneficios, ¿no crees que es mejor creerle a Dios, dejar de pelear nosotros mismos con nuestras fuerzas, rendirnos al amor sobrenatural de Él y servirle en obediencia y sometimiento? Solo así tendremos la victoria asegurada. Jesús dijo: "En el mundo tendréis aflicción, pero confiad, yo he vencido al mundo" (Juan 16:33). Él venció. Solo a través de Él se puede vencer a este mundo y solo con Él seremos más que vencedores.

Oro para que el Espíritu Santo te visite de manera especial como nunca antes lo has experimentado. Declaro que hoy dispones y abres tu corazón y te derramas delante de Dios para que Él entre en tu corazón y te haga libre de toda atadura y pecado. Ora para que ya no dependas ni te dejes gobernar por tus emociones ni por lo que sientes, sino por lo que has creído, y te levante creyendo que hoy hay libertad para ti. Reprendo, ato y paralizo todo espíritu de incredulidad y todo espíritu inmundo que te tiene atado y no permite que tus ojos sean abiertos. Y desato todo lo bueno del cielo sobre ti; que todo lugar vacío en tu alma sea lleno de la gloria de Dios. Decreto a los aires que hoy eres libre y que nunca más serás esclavo de tus pasiones. Declaro que hoy te levantas lleno de fe, pero una fe llena de acción que te hará hacer lo que tengas que hacer, así tengas que alejarte de personas que quieran que abortes el plan de Dios y tu decisión de obedecerle y honrarle a Él. Declaro que eso provocará una lluvia de bendiciones sobre ti, que comenzarás a ver y a experimentar cosas sobrenaturales, y que toda situación adversa se torna a tu favor. Declaro que obedecerás la Palabra y te someterás a ella, y Dios te coronará de favores y misericordias y te devolverá la admiración, el respeto, la honra y la credibilidad que el enemigo te quitó y que tanto anhelas te sean devueltos. Te declaro libre en el nombre de Jesús. Amén.

Capítulo 9:

RESTAURACIÓN DEL SACERDOCIO

EL HOMBRE, COMO cabeza del hogar, es un sacerdote. Un sacerdote es un mediador entre Dios y su familia. Debe representar a su familia ante Dios y a Dios ante su familia. Debe presentar las ofrendas y ser el que ora y presenta su familia ante Dios, siendo el ejemplo, es decir, el modelo a seguir. En Puerto Rico y en el mundo entero necesitamos restablecer el sacerdocio que se ha perdido y se ha sustituido por un matriarcado. Vemos cómo nuestro enemigo (el diablo) ha distorsionado el orden establecido por Dios en nuestras familias y en nuestra sociedad, y cada vez más a menudo las mujeres han tenido y tienen que asumir el rol de hombre que no les pertenece. Por cierto, es muy digno de admiración.

¿Por qué está pasando esto? Muy fácil. El hombre ha abandonado su posición irresponsablemente como sacerdote de su casa, de su hogar y, por consecuencia, en la sociedad. Las mujeres están tomando el papel de padre y madre de su familia, por la irresponsabilidad de hombres que han abandonado su posición. Dios quiere restaurar ese sacerdocio perdido.

Otra definición de sacerdocio es la dedicación a una profesión o un trabajo, con gran empeño y fidelidad. En el diccionario Strong, la palabra en hebreo es *"Kojen"* y significa: "el que oficia, sacerdote actuante, ministro principal". Su raíz es *"Kajar"*, que significa: "mediar, consagrar, ejercer ministerio, ministrar, sacerdote". En el cristianismo, el sacerdote está configurado a Cristo por el sacramento del orden y por él participa de la función de enseñar, santificar y gobernar. ¡Wao, qué perdido estaba yo de lo que es ser un sacerdote en mi familia! Yo no hacía ni la mínima parte de lo que era ser un sacerdote. Por eso, en este tiempo, vemos cómo se honra más a las madres (mujeres) que a los hombres, cuando antes no era así. Vemos que en el Día de las Madres la gente se esmera mucho más en regalarle a sus madres (en su día) que a sus padres (en su día), y hasta los mismos hombres en Puerto Rico le pusieron un nombre a su día: el Día de los Perros. Así se habla en la calle y continuamos sin honrar a nuestros padres de la manera que ellos se merecen.

Estamos viendo cómo las iglesias se llenan mucho más de mujeres que de hombres cuando ese no es el orden. Se supone que el hombre es el primero que llega a la iglesia, dando el ejemplo a su esposa e hijos y orando al Padre, intercediendo por su familia y declarando su bendición sobre ellos. En la Biblia vemos cómo era el orden de Dios y cómo los hijos respetaban y honraban a su padre e incluso anhelaban la bendición del padre. Tenemos varios ejemplos en la Palabra. En Génesis 48:15-16 vemos cómo Israel (Jacob) bendice a Efraín y a Manasés de esta manera:

> *"Y bendijo a José, diciendo: El Dios en cuya presencia anduvieron mis padres Abraham e Isaac, el Dios que me mantiene desde que yo soy hasta este día, el Ángel que me liberta de todo mal, bendiga a estos jóvenes; y sea perpetuado en ellos mi nombre, y el nombre de mis padres Abraham e Isaac, y multiplíquense en gran manera en medio de la tierra"* (énfasis añadido).

Y un poco antes, en los versículos 9 y 10 les dijo: *"Los bendeciré"*, para afirmar lo que Dios quería para ellos por encima de las consecuencias de la maldición. *Les besó y les abrazó.* Este gesto forma parte integral de la bendición de un padre, contrastando en gran manera con la errada enseñanza que hoy día vemos en nuestra sociedad. Hombres, necesitamos volver a honrar a nuestros hijos; volvamos nuestra mirada a las enseñanzas de estos grandes hombres de Dios. Otro ejemplo lo vemos en Isaac, bendiciendo a Jacob en Génesis 27:27–29:

> *"Y Jacob se acercó, y le besó; y olió Isaac el olor de sus vestidos, y le bendijo, diciendo: Mira, el olor de mi hijo, como el olor del campo que Jehová ha bendecido;*

Dios, pues, te dé del rocío del cielo, y de las grosuras de la tierra, y abundancia de trigo y de mosto. Sírvante pueblos, y naciones se inclinen a ti; sé señor de tus hermanos, y se inclinen ante ti los hijos de tu madre. Malditos los que te maldijeren, y benditos los que te bendijeren".

¡Wao, qué clase de enseñanza, los padres bendiciendo a sus hijos, rompiendo y quebrantando cualquier maldición que pudiera querer alcanzarles! Cuando nosotros como hombres estamos en orden y en obediencia para con Dios bendiciendo a nuestros hijos y esposas, mira lo que Él pensará de nosotros. Veamos el ejemplo en Abraham en Génesis 18:19: *"Porque yo sé que mandará a sus hijos y a su casa después de sí, que guarden el camino de Jehová, haciendo justicia y juicio, para que haga venir Jehová sobre Abraham lo que ha hablado acerca de él".* Recuerdo que antes en las familias siempre había un abuelo del que todo el mundo hablaba muy orgullosamente, aún después de fallecer. Se admiraba su gallardía y la nobleza de este hombre que había dado ejemplo a seguir a sus hijos y a futuras generaciones, y todos querían su bendición e incluso imitarle. A eso se le llama patriarca o el patriarca de la familia porque este había sido el que pagó el precio, pensó siempre en su familia, la representó y le dio respeto al nombre de su familia. Dondequiera que un hombre se para, representa el nombre de su familia y le da honor o deshonra a su familia. Después que conocí la Palabra, me di cuenta que cada vez que hablaba mal de mi esposa, esa conducta hablaba mal de mí mismo, pues al unirme en matrimonio me había hecho uno con ella y si hablaba mal de ella, dejaba al descubierto qué clase de persona yo era. Imagínense; el que habla mal de su esposa habla mal de cualquier otra persona y no es muy digno de fiar.

> *Se supone que el hombre es el primero que llega a la iglesia, dando el ejemplo a su esposa e hijos y orando al Padre, intercediendo por su familia y declarando su bendición sobre ellos.*

Así mismo, a una mujer que habla mal de su esposo se le ve la costura y tampoco es muy digna de confianza.

El hombre de la casa, el sacerdote del hogar debe ser quien sostiene a la familia. Él es la columna central de la familia o más aún, la zapata de la construcción del hogar. Él no debe estar encima de la familia, sino más bien debajo de ella para sostenerla y cargarla si es necesario, y velar por el bienestar de su familia para que no se caiga lo que con mucho esfuerzo han logrado. Muchos hombres que conocen mi pasado me preguntan cómo yo pude salir de la conducta que me tenía cautivo y cómo mi esposa, después de haber vivido tanto dolor por mi causa, ahora ella habla tan bien de mí, me honra y se somete voluntariamente a su sacerdote. Primeramente les digo que yo traté un sinnúmero de veces de cambiar a mi manera y nunca pude. Lo que ven hoy en mi matrimonio fue el resultado de mi obediencia y sometimiento a Dios y a su Palabra. Esa fue de la única manera que mi esposa pudo volver a confiar en mí, hoy esté conmigo y yo haya recuperado a mi familia.

> *Dondequiera que un hombre se para, representa el nombre de su familia y le da honor o deshonra a su familia.*

Muchas veces nosotros los hombres utilizamos mal la Palabra y por supuesto, a nuestro favor, diciendo y citando la Palabra que dice que las mujeres deben estar sujetas a sus maridos. Eso es muy cierto, pero, ¿cómo una mujer se va a someter a un marido que la maltrata, la deshonra, la humilla y la denigra como mujer? Lo que estamos viendo es que cada día más las mujeres, dentro de su desilusión, optan por divorciarse y quedarse solas dedicándose a sus hijos, y no quieren saber ni ver en pintura a sus maridos. Otras optan por pagar con la misma moneda lo que le hicieron.

Consejo para los hombres que están pasando por esta situación: solamente sometiéndote a Dios, rindiéndote a Él, podrás ver cambios primeramente en ti. Esto se trata de ti primero y luego de lo que Dios puede hacer en tu relación. No fue hasta que mi esposa y mis hijos comenzaron a ver a un hombre rendido ante Dios y a su voluntad, que empezaron a creer que Él había hecho un cambio en mí. Cuando realmente tomé la decisión de rendirme ante Dios y a su voluntad, mis hijos le decían a su madre que no volviera conmigo porque yo era un mentiroso, que iba a hacer lo mismo otra vez y que los desilusionaría. Fue muy duro para mí ver el rechazo de mis hijos y sentir su desprecio, quizás no a tenerme como padre, sino a que volviera a la casa y tener que vivir nuevamente el tormento y el dolor que habían pasado en un tiempo anterior por mi conducta de pecado y egoísmo.

Tuve que soportar el rechazo de mis hijos por alrededor de dos años pidiéndoles perdón todos los días después de haber regresado al hogar, estando en rectitud con mi esposa, con ellos y con Dios. Me levantaba temprano todos los días para llevarlos a la escuela y orar por ellos, hasta que un día me dijeron: "Ya está bien, papi, ya no nos pidas más perdón. Ya hemos visto que has cambiado y te creemos". ¡Gloria a Dios por ese día que creía que jamás iba a llegar, pues lloré muchas veces al sentir el rechazo y la indiferencia de mis hijos! Yo le pedía ayuda a mi esposa y ella me decía que hablaba con ellos, pero ellos no querían perdonarme, hasta que llegó este día maravilloso del perdón de mis hijos.

Tomé la decisión de morir a mí mismo y a mi voluntad, incluyendo a mis sentimientos, y un día me arrodillé en el altar de la iglesia y le dije a Dios: "Hoy reconozco que yo he sido mi peor enemigo; hoy decido morir a mí mismo. Me rindo ante ti, te entrego mi vida, mi voluntad, mis pensamientos y mis sentimientos que me traicionan tanto. Por favor, ayúdame, hazte cargo de mí". Y desde ese día en adelante me dediqué a vivir a través de la Palabra de Dios, sin aparentar, ni parecer, sino realmente siendo un verdadero cristiano. Mi esposa comenzó a ver a un hombre realmente transformado por Dios. Ella no podía creer lo que veía. Incluso dentro de la iglesia se quedaron boquiabiertos, pues algunos hermanos le habían dicho que se olvidara de mí, que yo no iba a dar frutos y que yo era un caso perdido, pero se estaba cumpliendo la promesa que Dios había dicho sobre nuestras vidas. Fue en verdad el "de repente" de

Dios, algo sobrenatural. Mi esposa comenzó a decir que veía el rostro de Dios reflejado en mí y que tenía que darme la oportunidad de volver a intentarlo, pues sentía que si no lo hacía no le estaba dando la oportunidad a Dios y no estaba creyendo en Él. Solamente de esta manera mi esposa y mis hijos creyeron en mí nuevamente, y nos dimos la oportunidad de ser la familia y el ministerio que Dios había dicho que íbamos a ser, juntos y felices.

Hombre que estás leyendo este libro, a lo mejor muchas veces has tratado de cambiar y todavía no lo has logrado. No te estoy diciendo que va a ser fácil. Esto requiere esfuerzo, valor y compromiso de tu parte, pero se puede lograr y la satisfacción es tan grande que te provocará a animar y ayudar a otros a pelear por su familia.

> *...solamente sometiéndote a Dios, rindiéndote a Él, podrás ver cambios primeramente en ti.*

En un momento, al salmista David le quitaron todo, lo perdió todo, incluso hasta su familia y lloró amargamente y se angustió su corazón:

> *"Entonces David y la gente que con él estaba alzaron su voz y lloraron, hasta que les faltaron las fuerzas para llorar. Pero él tomó una decisión. [....]Y David se angustió mucho, porque el pueblo hablaba de apedrearlo, pues todo el pueblo estaba en amargura de alma, cada uno por sus hijos y por sus hijas; mas David se fortaleció en Jehová su Dios"* (1 Samuel 30:4,6).

Él no se quedó angustiado ni se intimidó. Él se levantó y dice la Palabra que se fortaleció en el Señor. Él sabía que en sus fuerzas ya no podía hacer nada, pero él tenía a Dios de su lado y sabía que con Él lo tenía todo sin importar en qué condición estuviera.

> *"Y dijo David al sacerdote Abiatar hijo de Ahimelec: Yo te ruego que me acerques el efod. Y Abiatar acercó el efod a David"* (1 Samuel 30:7).

El efod eran las vestiduras sacerdotales de esa época, es decir, él se puso sus vestiduras sacerdotales, asumió su posición de sacerdote y su responsabilidad como sacerdote y líder de un pueblo. No se acobardó ni se intimidó aún cuando su propia gente, hasta los que siempre estuvieron con él y alguno de su familia, lo querían apedrear. Pero escucha lo que hizo.

> *"Y David consultó a Jehová, diciendo: ¿Perseguiré a estos merodeadores? ¿Los podré alcanzar? Y Él le dijo: Síguelos, porque ciertamente los alcanzarás, y de cierto librarás a los cautivos"* (v. 8-9).

Después de consultar a Dios y recibir esa respuesta, salió con toda confianza y certeza de que iba a recuperar todo lo que le había sido quitado, tanto así que pudo influenciar a todo su ejército, los mismos que en un momento querían apedrearlo, y salió con ellos y conquistaron, y derrotaron a sus enemigos y recuperaron todo lo que le había sido quitado.

Hoy te digo: ríndete a la voluntad de Dios y entrégale todo a Él: tu voluntad, tus sentimientos y tus emociones. Y déjalo a Él que pelee por ti. La Palabra declara: *"Mas buscad el reino de Dios y su justicia y todas las demás cosas os serán añadidas"* (Mateo 6:33), es decir, que tienes que buscarle primeramente a Él y dejarlo entrar a tu vida y reinar en ti, para que Él haga y complete su plan divino en ti, después en tu matrimonio, y por ende en tu familia y generaciones futuras.

Dios está buscando valientes, sacerdotes que dirijan bien su casa y decidan cambiar el curso de esta sociedad y las futuras generaciones, y ese eres tú. Tu esposa, familia e hijos esperan por tu decisión. Anímate, levántate. Jesús te llama a ser el esposo, sacerdote y cabeza del hogar que tu familia merece.

> *"Hoy reconozco que yo he sido mi peor enemigo; hoy decido morir a mí mismo.*

Parte II:

DOLOR, FE, GUERRA Y EL MILAGRO DEL AMOR

por Norma Rivera de Santiago

Capítulo 10:

ESTE SERÁ EL PADRE DE MIS HIJOS

CUANDO CONOCÍ A Reynaldo era una chica de tan solo 19 años de edad. Era bien alegre, me gustaba cantar y audicioné para una orquesta de merengue. Tuve que ir a un ensayo y Rey era uno de los coristas de la orquesta. Él era súper simpático, pero tímido a la vez. Me lo presentaron y hablamos un rato. Él pertenecía a una orquesta de varones y yo a una de mujeres, y hubo un concierto de merengue en el Coliseo Roberto Clemente donde estarían ambas orquestas, entre otras. Llegué al Coliseo y mientras esperaba por nuestra participación, lo vi. Lo saludé, canté y me fui con mis compañeras de orquesta para otro evento que teníamos. Cuando llegamos al otro lugar, él ya estaba allí. Muy tímido, se sentó a mi lado y comenzamos a hablar. ¡Desde ese día me flechó!

Él era bien inocente, bien bueno, tranquilo, no bebía ni fumaba, no era aventado con las mujeres, al contrario de los demás varones. Eso despertó en mí algo muy bonito hacia él. Los demás hombres veían una mujer y le caían arriba. Él no; él estaba aparte. En eso me fijé yo. Le pregunté: "¿Te puedo tomar una foto?" Él respondió: "Claro, antes de irme". Tomé la foto, la puse en mi *wallet* y me dije: "Este será el padre de mis hijos". Cuando me preguntaban si tenía novio, les decía mentiras a todo el mundo. Sacaba la foto de él y contestaba: "Sí, este es mi novio". Él ni siquiera lo sabía. Yo miraba el retrato todos los días y me preguntaba: "¿Te volveré a ver?", ya que las orquestas tenían diferentes presentaciones en lugares distintos y no tenía forma de comunicarme con él. Pasaron como dos meses y supe que él iba a estar en un salón de baile. Ese día yo no tenía presentación de la orquesta. Le pedí a una amiga que me acompañara y fui a verlo. Cuando llegué, ellos estaban tocando. Yo tenía cosquillas en mi estómago, pero a la misma vez pensé: "¿Tendrá novia? ¿Estará con alguien aquí?".

Lo pensé mil veces antes de acercarme. Él estaba cantando y yo me puse en una posición donde podía verme. Cuando me vio, su rostro cambió. ¡Su sonrisa era preciosa! Yo lo miraba y estaba tan nerviosa que me fui a sentar. Cuando él terminó, estaba caminando buscándome, y mi amiga y yo fuimos hacia él. Él nos dijo: "Están bellas". Yo le respondí: "Gracias". Él nos iba a echar el brazo a las dos y yo le dije: "¿No te conformas con una?" Rey me miró y me dijo: "¿Qué, hay interés? Porque si es así, yo abro una cuenta rapidito…". Yo me quedé muda y él se fue a mi mesa. Esa noche estuvimos juntos toda la noche, hablando. Él me hacía preguntas sobre mí y yo le contestaba muy transparente. Siempre he sido muy sincera. Yo le preguntaba a él también, y al final de la conversación, ya sabía todo lo que quería. Estaba solito y yo también. Él me dio su número de teléfono y me dijo: "Mañana me llamas a la una de la tarde". Quiero decirles que esas horas se hicieron larguísimas. Lo llamé y ustedes saben: habla y habla, estuvimos como dos horas en el teléfono. Seguimos hablando por teléfono regularmente y viéndonos. Un día le preguntaron quién era yo y él respondió: "Mi novia". Ese día me enteré de que era su novia; nunca se me declaró.

Rey era un chico con muchos talentos, pero sobre todo se veía diferente a todos los que yo había conocido. En ese entonces él era corista, trabajaba a tiempo parcial e iba a comenzar la universidad. O sea, no era famoso ni pensaba serlo. Él cantaba como pasatiempo, igual que yo. Al poco tiempo de ser novios, yo tenía un viaje con la orquesta a Nueva York y él, bien feliz, me dijo: "Si te vas, nos dejamos". Yo le dije: "¿Qué?". "Que si te vas nos dejamos." Terminé saliéndome de la orquesta y quedándome con él. ¡Lo que hace el amor! Era la primera vez que me sentía enamorada realmente. Era esa primera vez que sabes que ese es el hombre de tu vida y estás ciega. No ves nada que no sea lo bonito que es estar al lado de esa persona, junto a quien las horas pasan y no hay tiempo suficiente. Él llegaba a mi casa a mediodía, después de la universidad y se iba a las diez de la noche. Estábamos súper enamorados. Éramos muy amigos, hablábamos de todo, él estudiaba en casa. Muchas veces nos poníamos a bailar, porque a los dos nos encantaba bailar.

Pasó el tiempo y decidimos casarnos para el siguiente año. Cuando fuimos a ver a mi suegra y Rey le dijo: "Mami, me voy a casar", ella puso el grito en el cielo y le dijo: "Cuando termines tus estudios. Hasta que no termines, no te casas". Él le dijo claramente que se iba a casar y ella le dijo rotundamente que no. Salimos tristes, pues se lo dijo delante de mí. Mi suegra, al principio, no me quería mucho porque decía que ya ni veía a su hijo, porque se pasaba en mi casa. Un día me llamó y me dijo: "Mira, dile a Rey que llegue más temprano, que yo ya ni veo a mi hijo". Le dije: "Está bien, le voy a decir que se vaya a las ocho de la noche". Yo lo botaba a las ocho para que viera a su mamá, pero él no se iba, no quería irse y luego mi suegra se molestaba conmigo.

Nosotros no dejábamos de vernos ni un día. Él vivía en Bayamón y yo en Caguas, a cuarenta minutos de distancia. Un día había una tormenta y le dije: "Mi amor, no vengas porque es peligroso". Él me contestó: "No, yo no puedo estar sin verte". Le dije: "Pero vienes mañana". Me dijo: "Voy pa' allá ahora". Se tiró para mi casa en su carrito y había un lugar donde estaba bien inundado. Él quiso pasar, el carrito se quedó y el agua se metió dentro del carro. Para ese entonces, su mejor amigo era Elvis Crespo y Rey lo llamó para que lo fuera a buscar y lo llevara a casa. Llegaron los dos enchumbados, pero nos reímos en cantidad.

Seguimos el noviazgo hasta que un día decidimos estar juntos y pasó lo que no debió haber pasado. Fue lo más bello de mi vida, aunque después entendí que fue pecado. Pasaron algunos meses cuando me di cuenta de que estaba atrasada en mi regla y llamé a una amiga mía para que me acompañara a hacerme la prueba de embarazo. Efectivamente, estaba embarazada. Lloré muchísimo, porque pensaba: "¿Qué voy a hacer? ¿Cómo se lo digo a mis padres? ¿Me dejará Rey? Ahora a lo mejor no querrá casarse conmigo". No pude más, lo llamé y le dije: "Ven, que quiero decirte algo". Él llegó muy emocionado y nos sentamos en la acera frente a mi casa. Me preguntó: "¿Qué pasó, mi amor?". Estaba tan nerviosa, mis manos me temblaban, mis lágrimas comenzaban a salir de mis ojos y le dije: "Es que estoy embarazada". Él me preguntó: "¿De verdad?".

Le dije: "Si no te quieres casar conmigo está bien, no tienes ninguna obligación". Él me agarró las manos y me dijo: "No seas bobita, mi amor, como quiera nos íbamos a casar. Lo único que ahora adelantamos la fecha". No sabes la alegría que me dio; estábamos como dos tortolitos. Pero lo más difícil era decírselo a mi papá, que tenía un carácter fuerte, y a mi mamá, que siempre fue mi amiga y la mejor madre, dulce y cariñosa. Mi dolor era que ella sufriera al decirle.

Mi mamá y yo somos muy unidas. Ella me conocía como nadie. Un día yo estaba saliendo del baño y me fui al cuarto. Estaba en ropa interior; ella me miró fijamente el cuerpo y no sé cómo lo supo, pero me preguntó: "Normi, ¿tú estás embarazada?". Ahí me temblaron las piernas, me dio algo bien malo en mi corazón y le dije "¿Aaahhhh?". Ella insistió: "Que si estás embarazada". Le dije: "Sí". Ella me respondió: "Lo noté rápido. Tu cuerpo ha cambiado y tú también". Le repliqué: "Claro que no". Y me dijo: "Tú no lo notas, pero yo sí; soy tu madre". Me dijo: "Tienes que decírselo a tu papá". Le dije: "No, yo no". Ella contestó: "Sí, tú misma porque yo no se lo voy a decir". Todo se quedó así. Hablé con Rey y le dije: "Vamos a reunirlos y le decimos que nos vamos a casar y ya". Rey dijo: "Está bien".

Llegó el día. Mi papá es un hombre serio, con su carácter, y Rey le dijo: "Don Jorge, venga acá, que necesito decirle algo". (Quiero que sepa que mi papá ama a Rey y Rey lo ama.) Le dijo: "Mire, es que queremos decirle que nos vamos a casar". Él se echó a reír y mi papá dijo: "¡Qué chévere! ¿Y cuándo es la boda?". Rey le contestó: "En un mes". Mi papá cambió el semblante y ya no estaba tan feliz. Me miró y rápido me dijo: "Estás embarazada". Yo ni le contesté. Me quedé en silencio y Rey también. Él entendió, y ya no muy contento y en voz baja, añadió: "Bueno, pues cásense". Y se fue al cuarto. Supe que de alguna forma había desilusionado a mi padre y que eso le había dolido mucho.

Papi, perdóname. Sé que hice cosas que hirieron tu corazón y te desilusioné en aquel tiempo. Quiero decirte que te amo con todo mi corazón y que eres muy especial en mi vida. Gracias por tener paciencia conmigo.

Mami, eres mi amiga fiel y una madre ejemplar. Sabías escuchar mis tristezas y reír con mis alegrías, me diste buenos consejos aún en mis peores momentos y fuiste sabia en cada palabra que salía de tu boca. Gracias por apoyarme en todo, aún en aquel momento que sé que también te dolió. ¡Te amo!

Después de eso, se acercaba el Día de Acción de Gracias. Yo tenía una mala barriga horrible; todo me apestaba. Y Rey dijo: "Este es el día que se lo vamos a decir a mami". Le dije: "Está bien". Llegamos como a las tres de la tarde y mi suegra es especial. Ella estaba terminando de cocinar y me dijo: "Normi, siéntate. Me senté y empezó ese olor a habichuelas [frijoles] a darme unas náuseas, y le dije a Rey: "Vámonos al balcón". Ella preguntó: "¿Por qué te vas allá afuera?". Le contesté: "Ya mismo voy", y ella insistió: "Vente pa' acá adentro". Yo me sentía grave por el olor a comida y Rey no se atrevía a decirle. Ella dijo otra vez: "Oye, te dije que entres, que te vengas acá". Ella, cuando dice algo, hay que hacerlo porque si no, no te deja quieta. Le dije que tenía dolor de estómago y empezó a ofrecerme: "Tómate esta pastilla que es buena para eso". Le dije: "Noooo, no puedo beber pastillas", y me dijo: "Mira, chica, pues tómate esto otro". Le dije: "Priscilla no puedo tomar medicamentos". Ella replicó, en un tono molesto: "Pues quédate así. Yo trato de buscarte que te sientas bien, pero si tú no quieres…"

Al rato me dijo: "Norma, vente pa' que comas. Le contesté: "No, gracias, Priscilla, ya comí". Ella, como les dije, es bien insistente y me preguntó: "¿Cómo que no vas a comer? Yo hice tanta comida y no se va a quedar ahí porque hice para ti. Te vas a comer aunque sea un poquito". ¡Ay, Dios mío! Yo miraba a Rey como quien grita: "¡Auxilio, ayúdame!". Ella, bien especial, me sirvió y me dijo: "Cómetelo". Yo miré el plato y lo que tenía era ganas de vomitarle encima. Ya no podía más.

Rey, al ver mi desesperación y mi cara que estaba ya como amarilla (para colmo me dio con escupir y cada vez que salía a escupir ella me decía: "¡Pero qué mucho tú escupes, Dios mío!"), le dijo: "Mami, siéntate aquí que quiero decirte algo". Una cosa que tiene mi suegra es que es bien alegre y se sentó, con una sonrisa, y le preguntó: "¿Qué pasó?". Ella creía que él iba a contarle un chisme. Rey le dijo: "Mami, Normi está…" e hizo un gesto con su mano de frente a su barriga, como diciéndole "embarazada", pero no le decía la palabra. Ella le preguntó: "¿Qué?". Y él volvió y le dijo: "Que Normi está…" e hizo la forma de una barriga. Ella se comenzó a reír y se emocionó tanto, que me quedé pasmada. Entonces dijo: "Rapidito, hay que casarlos. Ese bebé tiene que crecer con su papá". En verdad me impresionó su actitud. Quedó tan feliz, me abrazó, me besó y después me dijo: "Aahhhhhhhh, ahora entiendo por qué te fuiste afuera y el dolor de estómago. Tienes mala barriga". Me pidió perdón por haberme casi obligado a beber pastillas. Le dije: "Tranquila, tú no sabías".

El día antes de la boda, mi esposo quiso hacer despedida de soltero y se fue con Elvis y otros amigos. Llegó a mi casa a las siete de la mañana y tocó a la puerta. Yo creía que era mami; lo menos que me imaginaba era verlo a él. Cuando abrí la puerta, me dijo: "Mi amor, nos casamos hoy, te amo". Le dije: "Vete a tu casa a descansar". Nos reímos un ratito de sus locuras.

Mi boda fue muy sencilla, humilde, pero estaba toda la familia. Y nos fuimos a vivir con mi suegra, mientras alquilábamos un apartamento.

Priscilla y Patricio, gracias por siempre darnos la mano, por dejar de ser ustedes para ayudarnos. Gracias porque cuando hemos necesitado ayuda, ustedes son los primeros en acudir. No importa lo que sea, siempre hay un sí. Dios los bendiga y estamos eternamente agradecidos a Dios por ustedes. Pri, te amo mucho, gracias por ser como una madre para mis hijos y para mí. Sé que si me pasa cualquier cosa, solo tengo que decir "Pri" y tú estás ahí. Gracias de verdad con todo mi corazón.

Capítulo 11:

DEL IDILIO AL INFIERNO

AL AÑO DE casados, Rey recibió una llamada y le dijeron: "Chino, Jossie Esteban está haciendo un grupo de merengue. Están grabando ahora mismo y quieren que tú vayas hoy". Él fue y cuando llegó a mi casa, me dijo: "Grabé una canción". Le dije: "¿Cómo?". Me respondió: "Entré en un grupo que Jossie Esteban está haciendo. Se llama *Zona Roja*. Le dije: "Te felicito". Lo que no sabía era que desde ese día iba a comenzar mi infierno.

Pasaron los meses y el día del debut de este grupo, Rey tuvo que llegar aparte. Yo llegué sola porque a él lo estaban preparando. El sitio estaba lleno a capacidad. La gente se volvió como loca, se trepaban en las mesas y había hasta mujeres desmayadas. Nunca había visto algo así. Cuando mi esposo terminó de cantar, las mujeres se le lanzaban encima. Yo me preguntaba: "¿Qué es esto?".

De ese momento en adelante, cuando Rey iba a cantar, yo tenía que irme al carro primero porque si no lo hacía así, las fanáticas me agredían y me insultaban. Si yo iba con él, se ponían histéricas. Una vez hasta me echaron agua. Ya estaba harta. Era demasiado para mí y muchas veces le dije que no me había casado para tener esta vida. "Yo me casé con un hombre que era normal. Esto no es vida, esto es una locura, mi hija te necesita", le reclamaba.

Mi esposo me decía que no se permitía que los artistas del grupo fueran a los bailes con sus esposas, porque eso espantaba a las fanáticas. Algunas personas del grupo y yo no nos podíamos ver ni en pintura, nos odiábamos y yo se los hacía notar. Incluso sufrí una agresión estando embarazada de Reynaldito y se multiplicaron los malos ánimos.

Cambiado por la fama

De momento la fama del grupo creció de manera extraordinaria. En solo par de meses, *Zona Roja* se convirtió en el grupo #1 en Puerto Rico. Fue demasiado para mí. Mi esposo viajaba muchísimo: Panamá, Costa Rica, Venezuela, Santo Domingo, Centro y Sur América. A menudo se iba un mes completo y yo me quedaba sola, llorando. Cuando estaba en Puerto Rico, todo era programas de televisión, entrevistas de radio y presentaciones.

Rey comenzó a cambiar. Aquel hombre tímido, callado, inseguro y amoroso que siempre estaba conmigo, empezó a salir solo y a coquetear con las mujeres. Casi nunca estaba conmigo y cuando estaba, se pasaba hablando de qué viajes había, entrevistas y cosas de farándula.

El día que celebrábamos el bautismo católico de nuestra hija, le dije: "Rey, el bautismo es a la una de la tarde". Él se fue a participar en un programa de televisión, asegurándome que llegaría a tiempo para el bautismo. En el momento del bautizo, yo estaba sola con mi hija, su hermano Ricky fue quien lo representó y Rey nunca llegó. Al volver, me dijo: "No pude salir antes; no me dejaron".

Cuando se iba de viaje, siempre había una historia. Una vez se fue como tres semanas y cuando abrí la maleta, encontré una carta de una mujer diciéndole lo mucho que lo iba a extrañar y que él había sido inolvidable. Le pregunté sobre eso, y me dijo: "Esa es una fanática que estaba siempre en los bailes". Yo había empezado a vivir el infierno de la fama.

Mi hija Shahaelyn era de apenas un año de nacida y su papá casi nunca estaba en la casa. Cuando estaba, casi nunca jugaba con ella. Si la cargaba, era solo por un ratito. Rey estaba con un juguete nuevo que era demasiado sabroso e increíble para él y no quería soltarlo en ningún momento. Siempre llegaba casi al final de los cumpleaños de mis hijos. Mis hijos nunca se disfrutaron un cumpleaños con su papá y él tampoco supo disfrutar un cumpleaños de sus hijos. Pasé sola con ellos todas sus etapas. Yo llamaba a mi esposo y le contaba lo que ellos hacían porque *Zona Roja* tenía demasiados viajes.

Cuando Rey estaba en su mejor momento artístico, decidió

salir de *Zona Roja*. Formó su propia orquesta como solista en la que estuvo dos años, pero esos dos años fueron bien amargos. Yo era quien llevaba su agenda y sus asuntos, pero la presión de las fanáticas seguía siendo insoportable.

Yo iba a un gimnasio por la mañana, pero nunca le dije a nadie que era la esposa de Chino. Un día mi esposo fue a llevarme un dinero. Cuando todas vieron llegar a mi Rey, comenzaron a gritar: "¡Mira a Chino, Chino!" Yo estaba en las máquinas. Yo quería que él me llamara al celular para yo bajar y que nadie supiera, pero era tarde. Cuando él dijo: "Vengo buscando a Norma", ya yo salía porque todo el gimnasio estaba alborotado.

Yo guardaba mucho mi espacio y mi tranquilidad, pues hacía muchos años que los había perdido. Hasta ese día, en el gimnasio nadie sabía quién yo era. Podían decir cualquier chisme y nadie se imaginaba que yo era su esposa.

Cuando volví al día siguiente, todas las mujeres estaban allí esperándome y en cuanto entré, comenzaron a decirme: "¿Cómo que eres la esposa de Chino? Nena, te lo tenías calladito". Mis amistades son las que están a mi lado por Norma y no por ser la esposa de Chino. Después de eso vinieron muchísimas a querer acercarse a mí, pero una sabe que están cerca porque quieren estar cerca de tu esposo. Ustedes no saben cuántas veces me decepcioné de amigas que llevaba a mi casa y solo me visitaban por coquetear con mi esposo. Esto me llevó a desconfiar de todas; no confío en ninguna.

Siempre fui una mujer reservada y nunca quise salir en los medios. Llamaban para entrevistar a la familia y yo decía: "No, yo no soy artista ni mis hijos tampoco". Nunca y Rey lo sabe, fui mujer de exhibirme. Al contrario, mientras menos gente me reconociera, mejor. Nunca me impresionó la fama, ni aparecer en revistas.

Ya en ese momento, aparte de tener una conducta generalizada de adúltero, Rey tenía una relación de adulterio con una mujer específica, pero yo no lo sabía. Su trato hacia mí cambió totalmente.

Una vez él tenía una presentación en Aguadilla, y la secretaria y yo nos fuimos desde las seis de la mañana a entregar volantes del evento en las calles y en los semáforos, para que el evento se llenara. Cuando llegué a la casa como a las seis de la tarde, demasiado cansada, Rey me dijo: "Dame comida". Le dije: "Rey, yo estuve parada durante horas en las luces y en los centros comerciales entregando volantes. Estoy agotada". Él me dijo: "No me importa, cocíname, para eso estás aquí. Yo tengo esposa para que me cocine". Me fui a cocinarle y él, sin la menor consideración, se fue a ver televisión. Desde ese día, me prometí: "Jamás haré esto otra vez". El hombre tierno, tímido y amoroso con quien me casé se convirtió en un hombre maltratante, abusivo en palabras y en acciones e indiferente ante mi destrucción emocional, sicológica y espiritual.

ADULTERIO PÚBLICO

Mi esposo no me llevó a su primera presentación en televisión. Me dijo: "Quédate para que lo grabes". ¿Pero saben quién estuvo allí? La otra, a quien llamo "Penina", nombre de un personaje bíblico que aparece en 1 Samuel 1. Lo más hermoso es que cuando él llegó, yo estaba celebrándole su primera presentación. Le quité sus zapatos, las medias, le hice una comida especial para celebrar con él y ya él había celebrado con otra.

En aquel momento, él no quería ir conmigo a los bailes. Los mismos coristas lo tapaban. Con frecuencia, cuando iba a los bailes con él, me sentaba en una mesa y no me permitía hablar con nadie. Claro está; a él no le convenía que yo hablara con las demás esposas porque, en ese ambiente, todas se contaban las infidelidades de todos y se protegían una a la otra. El pianista estaba con una muchacha bajita y se sentó aparte. "Norma, tienes que tener cuidado. Hay una mujer que está detrás de Chino y se llama ___". "Norma, tienes que venir con Chino. Él está con una mujer y ella viene con él a los bailes…" "Norma, esa mujer que tiene el pelo rojo dice que está con Chino…" Así era cada vez que yo iba a un baile. Yo estaba feliz porque él había decidido llevarme, aunque a veces yo me montaba en el carro a la fuerza.

Si yo llegaba a un baile sin que Rey lo supiera, los coristas le avisaban y le decían: "Llegó Norma", para que Penina se fuera.

Él tenía todo controlado. La puso a grabar sus videos; ella lo tenía loco. Ya no se ocultaba para estar con ella, la llevaba a todos lados, pero yo no sabía; me enteré después. Claro, me tenía encerrada en la casa.

Cada vez que recuerdo todo esto, veo las marcas que ya están cicatrizadas, pero un día estaban tan abiertas que pensaba que jamás iban a cerrar. Tenía tanto dolor que nada podía sacarlo de mi corazón. Me sudaban las manos esperando a mi esposo durante días, la desesperación inundaba mi alma y me ahogaba en llanto.

Fue un día normal de trabajo cuando recibí una llamada de un programa de chismes en Puerto Rico que todavía está vigente. Me dijo: "¿Norma Rivera, la esposa de Chino?" Le dije: "Sí, dígame, ¿en qué puedo servirle?". Él me dijo: "Es _____ . Sé que tú eres una mujer bien buena, porque me lo ha dicho mucha gente y por eso no te mereces lo que tu esposo está haciendo. Por eso te llamo para decirte y que averigues (me quedé muda, mi corazón comenzó a latir rápidamente, mis manos se pusieron frías cuando él me dijo), porque tu esposo está con otra mujer hace cuatro años. Su nombre es ____ vive en este sitio, este es el teléfono de ella y así se llama su papá. Él trabaja en un banco y este es su teléfono, estudia en tal lado. Te doy toda la información para que verifiques. Cuando confirmes, me llamas para que me cuentes qué hiciste".

En ese momento, me quedé sin fuerzas y caí al suelo sollozando. Me bajó el azúcar, me senté luego en mi escritorio ahogada en llanto y cuando me sentí mejor fui directo a confrontar a mi esposo. Cuando mi esposo me vio llegar, amarilla con los ojos tan hinchados, me preguntó: "¿Qué te pasó?". Me le quedé mirando a los ojos y le pregunté: "¿Quién es Penina?". Él se puso muy, muy nervioso y no me contestó la primera pregunta. Volví y le pregunté: "¿Quién es Penina?". Me dijo: "¿Qué te dijeron? ¿Ya te fueron con chismes? Yo no sé quién es esa mujer que tú dices". Le dije: "¿Estás seguro?". Le conté que este hombre me había llamado y todo lo que me contó. Claro que él lo negó hasta lo último y dijo hasta que yo estaba loca.

Eso me enojaba más…pero en ese mismo instante llamé

al padre de Penina para decirle que el gran novio de su hija era mi esposo, que teníamos ya siete años de casados y que él vivía conmigo. Increíble, pero cierto, este varón me contestó: "Bueno, él es el novio de mi hija hace cuatro años y están haciendo planes para casarse, así que divórciate". Me quedé en una pieza. Era inaceptable lo que estaba escuchando de un padre.

Me fui a mi casa, me senté a pensar todo desde el principio, cuando me enamoré de aquel joven tímido y a la vez tierno que yo había dicho: "Este será mi esposo, juntos tendremos momentos donde solo en nuestra intimidad gozaremos el uno del otro, él será solo mío, yo seré suya…" Esa parte de ti que entregas solo a una persona: tu dignidad, tu amor, tu verdad, tu desnudez, tu confianza…de repente ha sido violada, se quebró y ya no es solo tuya. Eso mismo él lo compartía en otro lecho. Lo que tú entendías que era solo tuyo fue entregado a alguien más. Ya él no me pertenecía. Ahora no solo éramos él y yo, sino tres. Su risa, sus intimidades, su amistad, sus caricias y el juego seductor antes de hacer el amor eran compartidos, y yo no lo podía soportar.

Él se fue, claro está, a avisarle a ella que ya yo lo sabía. Cuando volvió a casa en la noche, le dije: "Toma tus cosas y vete". Él estaba tan duro de corazón que tomó su ropa y se fue a casa de su mamá. Yo pensaba que él me iba a decir que no se iba, pero se fue. Esto me afectó tanto que al otro día, en vez de ir al trabajo, fui a casa de mi suegra. Como yo tenía la llave de la casa, entré y él estaba durmiendo. Le puse mi cara en su corazón y comencé a llorar encima de él. Le dije: "¡Yo te amo tanto! No puedo soportar este dolor tan grande". Me levanté, lo miré llorando y le dije: "Quiero que me digas la verdad: ¿Tú la amas? Si me dices que sí, no te volveré a buscar, te dejaré tranquilo". Él me miró con amor, me abrazó y me dijo: "No, yo te amo a ti". En ese momento nos quedamos allí, yo en su pecho desahogándome en llanto, pero luego me levanté y me fui. Mi esposo estaba completamente ciego…

Yo nunca había visto a Penina, pero él la puso a bailar en dos de sus videos, cuando él tenía su orquesta. Todo el mundo lo sabía menos yo. Un día, una amiga me dijo: "Norma, no es justo lo que te está haciendo. Chino me dijo que la muchacha del video es Penina". Él, cuando filmó esos videos, vino donde mí bien contento y me dijo: "Mi amor, mira pa' que veas el video". Él estaba con ella, bailó con ella y después ¡se burló de mí en mi cara! Tomé los videos y los hice pedazos, y ¡ay de quien me hablara de esas canciones! Cuando veía el video en la televisión era decir ¡guerra!

En el video había dos muchachas. Recuerdo que mi hijo estaba pequeño y cuando miraba el video, me decía: "Esta es mi novia y esta es la de papi". Yo, inocente, le decía: "No, mi amor, esta es tu novia, pero papi es mi novio, solo mío". El nene, tan pequeño, me decía: "Noooo, mami, esta es la novia de papi". En ese momento entendí que él había llevado a mi hijo a conocerla y por eso el nene decía que esa era la novia de papi. Fue duro, durísimo.

De hecho, el nene, desde que nació, era muy apegado a Reynaldo. Hasta se dormía en su costado. Cuando mi esposo se fue, Reynaldito no podía dormir. Cuando empezó a hablar, llegó a decirme que se quería ir con él. Yo sabía que lo decía inocentemente, pero era muy triste escucharlo.

Muchas veces intenté hablar con Rey y le decía calmadamente: "Mi amor, no hagas esto, por favor, cambia. Tu familia te necesita, yo te necesito. Por favor, vuelve a ser aquel hombre de quien me enamoré". ¿Saben lo que él hacía? Se ponía a mirar el techo o la pared sin ningún gesto, sin que le importara nada. Yo seguía hablándole y él se quedaba sin decir palabra. Cuando yo terminaba de hablar, me decía: "¿Terminaste? Está bien". Yo le decía: "¿No vas a decirme nada?" y me contestaba: "No". Siempre era lo mismo, trataba de que él entrara en razón, pero era como si tuviera una venda en los ojos que no lo dejaba ver. Su corazón estaba tan endurecido como una piedra.

Entendí que se había roto algo entre nosotros y que las cosas jamás iban a ser como antes. También sabía que él sentía algo por esa mujer, cuando llegó tan lejos. Llegaba a altas horas de la noche. Si se acababa un baile a las 2:30 a.m., llegaba a las 5:30 a.m. y comencé a relacionar datos que por mi ignorancia, no entendí hasta ese momento. Por ejemplo, él tenía un *beeper* para ese entonces y siempre lo ponía a vibrar. Nunca dejaba que yo tocara ese *beeper*. Luego tenía un celular con un *block* y, claro, también estaba en vibración. Jamás podía tocarle su celular. Muchas veces llegaba pintado o con la ropa pintada y decía que eran las faná- ticas. Penina era una mujer muy astuta. Sabía cómo llamar la atención de mi esposo. Ella era todo lo contrario a mí.

Entendí que se había roto algo entre nosotros y que las cosas jamás iban a ser como antes.

También entendí por qué él me lla- maba al celular muchas veces al día y me preguntaba: "¿Dónde estás?". Yo, muy inocente, le respondía que en el centro comercial o en casa. Él decía: "Está bien". Cuando le preguntaba por qué, me decía: "No, para saber". Y era que estaba con ella y quería saber dónde yo estaba para que no nos encontráramos y yo lo viera. Muchas veces también lo llamaba y no respondía a su celular. Lo podía llamar una y otra vez, a veces porque necesitaba algo para la casa, otras porque quería saber dónde estaba, pero si lo llamaba más de tres veces, me apagaba el celular para que no lo llamara más. Cuando llegaba y le preguntaba por qué había apagado el celular, felizmente me decía: "Porque no quería hablar contigo".

Rey tenía un carro marca Ford Mustang. Para ese entonces, él casi nunca me montaba en su carro; siempre que salía conmigo nos íbamos en mi guagua. Un día me fui en su carro, y encontré allí lápiz labial y cosméticos. Le pregunté de quién eran esos maquillajes; eran de ella. Los tomé y los hice añicos. Él siempre decía una mentira tras la otra. Me decía: "Le presté el carro a Micky y a lo mejor él montó a una amiga". Si llegaba tarde a casa, me decía que el baile se había atrasado y en vez de empezar a las 2:30 a.m., había comenzado a las 3:30 a.m. Si quería irse, me formaba una pelea, se iba y llegaba de madrugada. Cuando le preguntaba dónde estaba, me decía: "Con los muchachos".

Rey se quitaba el aro de matrimonio cuando salía de casa porque él había mentido en casa de su amante, diciéndoles que se estaba separando de mí. Claro, los padres de ella le creyeron, pero ella sabía perfectamente que él vivía con su familia y siguió esa relación, sin importarle el dolor y el daño que estaba causando, no solo a mí, sino a mis niños, que tanto necesitaban a su padre, especialmente mi hijo Reynaldito. Desde aquel día, comenzó a salir todo a la luz…

No solo la gente tenía que decirme cosas sobre mi esposo, sino salían publicadas en las revistas de chismes. El programa televisivo de chismes no soltaba a mi esposo. Ahí decían dónde había estado mi esposo con ella y lo que hacían, y yo me enteraba de casi todo. No es fácil tener a tu lado a una persona así. Ya yo estaba cansada de vivir de esa manera y decidí que nos separáramos.

PRIMER REGRESO A CASA, GRUPO MANÍA Y OTRA VEZ LAS FANÁTICAS

Al mes de haberse ido, Rey volvió a casa y me dijo: "Normi, perdóname. Sí, es verdad que estuve con ella, pero eso se acabó. Hablé con ella y quiero estar contigo y con mis hijos". Bueno, usó toda su labia…¡porque mira que tenía poder de convencimiento! Incluso me dijo que ella se había ido a Estados Unidos. Yo dije: "Perfecto, ahora sí". Y volví con él tranquilamente, porque Penina ya no estaba en Puerto Rico y eso había terminado.

En eso, Rey entró a Grupo Manía. En esta etapa de Rey, ya yo estaba acostumbrada a vivir con el artista. Ya estaba dura y no me dejaba intimidar por nadie. Aquí es donde mi esposo ascendió más en su carrera artística. Grupo Manía era #1 y eran otros tiempos, donde ya los Premios Lo Nuestro, Grammy y Grammy Latino eran parte de la rutina todos los años, ya había cruzado otros límites. Rey estaba en su mejor momento como artista, pero en su peor situación como hombre.

Él era cariñoso, amoroso, atento, me decía que me amaba. Él sabía arar bien el terreno en lo que yo me confiaba otra vez. Cuando él lo veía todo bien entre nosotros, comenzaba otra vez a llegar tarde, pero su excusa era siempre que estaba con los muchachos o haciendo cosas de Grupo Manía. Tan pronto empezaba a llegar tarde o yo notaba que estaba como diferente, le decía: "Esto me huele a que hay mujer rondando". No le mencionaba a Penina, porque ella estaba fuera de Puerto Rico. Si no era Penina era otra, pero él era un adúltero.

Rey odiaba que después de cada baile yo le cayera arriba a discutirle por cada cosa que me decían o yo observaba. Dios me había dado un don. Cada vez que yo llegaba a un lugar, era como un radar. Yo solo miraba alrededor poco a poco y era algo sobrenatural. Yo podía saber quién estaba con mi esposo, con quién estaba coqueteando y también quiénes estaban chismeando sobre mí. Ahora entiendo que era el Espíritu Santo. Era tan acertada que le decía a mi esposo: "¿Ves aquella que está allí del pelo rubio? Que ni se te acerque. ¿Ves aquella otra? Que no dé un paso más hacia acá porque no respondo".

Una vez mi suegra recibió una llamada de una mujer que decía que ella era la amante de mi esposo, que tenían un hijo y que necesitaba que él fuera a verla. La llamó par de veces en un día para lo mismo. Un día, contesté el teléfono y ella me dijo: "Te envié a tu esposo. Llegará en cinco minutos". Así era. Él llegaba y yo comenzaba a decirle mil cosas y a preguntarle dónde estaba, con quién y quién era esa mujer. Todos los días yo temblaba cuando sonaba el teléfono porque ella llamaba a cada rato para decirme la misma cosa. Yo le peleaba a mi esposo y le suplicaba que me dijera la verdad. Él siempre me decía que eso era mentira, pero como él era tan mentiroso, ya yo no sabía cuándo me decía verdad y cuándo era mentira.

Ya solo había discusiones siempre, todos los días por esta mujer. Un día ella llamó, ya cuando Rey estaba en casa y él contestó. Le preguntó quién era y por qué estaba destruyendo su familia. Ella le dijo llorando que estaba enamorada de él, le dijo quién era, una fanática, pero como nunca le había hecho caso, ella decidió hacerle la vida imposible y destruir su hogar. Ella se paraba en su carro antes de que él llegara a casa y así podía ver cuando él estaba por llegar y llamaba…Yo estuve como un mes con esta mujer llamándome, haciéndome la vida un infierno.

Otra vez una fanática me dijo: "¿Puedo darle un besito?". Yo le dije: "Claro que sí" y me hice a un lado para que él firmara su autógrafo y le diera un besito. Cuando se le acercó, le dio un beso en la boca. Yo no dije nada. Solo me dije: "Esto se me va de las manos…"

Un día estaba sentada con él, esperando a que él comenzara a cantar con Grupo Manía. Rey estaba tranquilo a mi lado, cuando de momento vino esta mujer, se colocó en medio de los dos y le dijo: "¿Te acuerdas de mí?" Él le dijo: "Noooo". Ella se le acercó más y le dijo: "¿Ahora no te acuerdas?" Como quien dice, como estás con tu esposa… Yo quería darle, pero lo miré y le dije: "¿Qué, no te acuerdas?" Y le di una patada debajo de la mesa. Comencé a defenderme. De una mujer tranquila y alegre, me convertí en una mujer dispuesta a defender su territorio.

Cada vez que iba con mi esposo a un baile, llegaba en forma desafiante. Cuando alguna mujer venía con otras intenciones que no fueran sanamente pedir un autógrafo, ya yo estaba preparada para caerle arriba. ¡Cuántos problemas causé en los bailes! No dejaba pasar ni una. Las fanáticas comenzaron a decirle a mi esposo: "Esa esposa tuya, déjala en tu casa, uno no se puede ni acercar". Y comenzó la fama de que "cuando venga la esposa de Chino ni te le acerques porque te come". La cosa fue cambiando. Antes ellas me pisoteaban y hacían lo que querían conmigo; ahora se había virado la tortilla. Rey comenzó a defenderlas y a decirme que yo no podía hacerles nada, pues ellas eran sus fanáticas, las que compraban discos. Yo le decía: "Yo no les hago nada, pero respetan a la buena o a la mala y se acabó".

> *Ya no me respetaba a mí misma…*

Cuando sabía que una mujer estaba detrás de mi esposo, felizmente esperaba que Rey se fuera a cantar y ya en la tarima, esperaba que ella se parara para ir al baño y allí se formaba. En ese tiempo, eso me resultó. Me di a respetar y eso era lo único que me importaba. No le tenía miedo a ninguna; ya yo no me conocía. Fueron muchos años viviendo este infierno y tratando de defender lo indefendible.

Me volví dura, resentida, peleona, y eso era un problema para mí, para él y para ellas. ¿Sabes qué es lo más triste? Ya no me respetaba a mí misma, llegué a conformarme con migajas, me puse una venda cuando entendía perfectamente lo que estaba pasando, pero me engañaba pensando que él podía cambiar. Peor aún: me adapté a vivir de esa manera. Solo decía: "Lo tengo adentro, como quiera está en mi casa y haga lo que haga, esté con quien esté, es mi esposo". ¡Qué triste! Ninguna mujer debe permitirse esta clase de vida y esta falta de respeto.

Mi amor por Rey llegó a tal extremo, que un día me arrodillé a sus pies y le dije: "Por favor, te amo, Rey, ya no me hagas más daño". ¿Y sabes cuál fue su reacción? Me miró y me dijo: "No seas ridícula. Levántate de ahí, por favor, déjate de cosas, no hagas más *show*". Todo estaba perdido.

SI PASAS POR ESTE PENOSO PROCESO...

"Sea el matrimonio honroso en todos, y el lecho matrimonial sin mancilla, porque a los inmorales y a los adúlteros los juzgará Dios" (Hebreos 13:4 LBLA)

Hay heridas que solo sanan con el tiempo. A veces tardarán años, como me pasó a mí. Dios tiene un trato especial con cada uno. Es un día a día de romperse uno mismo para poder ser más como nuestro Padre. Al encontrar a Dios en mi vida, comprendí que tenía que soltar a mi esposo, que estaba atada a él cuando a quien tenía que estar atada era a mi Dios.

> *Cuando tú te casas, haces un pacto delante de Dios.*

Este es el diseño que Satanás quiere formar en los hogares: hogares llenos de adulterio, división y divorcios silenciosos. Allí él logra su más grande obra maestra. Sabe que, si tiene de esta forma a los matrimonios, tiene la ventaja.

"Ustedes profieren insolencias contra mí —dice el Señor—. Y encima preguntan: "¿Qué insolencias hemos dicho contra ti?" Ustedes han dicho: "Servir a Dios no vale la pena. ¿Qué ganamos con cumplir sus mandatos y vestirnos de luto delante del Señor Todopoderoso?" (Malaquías 3:13-14 NVI)

Dios es un Dios de pactos. Cuando tú te casas, haces un pacto delante de Dios. Entonces Él está presente como testigo, sellándolo con la palabra más fuerte: pacto. Este conlleva un sacrificio, un compromiso, un día a día, pero como nuestro pacto fue con Dios, Él se vuelve el centro del matrimonio. Cuando suceden cosas como las que me pasaron a mí, se violenta el pacto que se hizo desde el principio, y allí Satanás entra y hace estragos.

Capítulo 12:

LOS ESTRAGOS DEL ADULTERIO

IGUAL QUE TODOS los hombres cuando adulteran, mi esposo exhibía aquellas conductas que causan inseguridad y reducen la estima propia de cualquier mujer: falta de atención, desprecio, privación económica, rechazo, egoísmo y excesivo amor al dinero, entre otras.

Sin embargo, este libro tiene un propósito de testimonio y restauración. Durante mi doloroso recuento, voy a detenerme para ministrarte y enseñarte cómo manejar estas condiciones específicas y sus terribles consecuencias.

LA INSEGURIDAD

Al vivir todo esto, la inseguridad fue apropiándose de mí. Cuando el espíritu de adulterio ataca al hombre, él no se siente conforme con la mujer que tiene en su hogar. Entonces se dedica a menospreciar a su pareja y destruir su autoestima, creando el escenario perfecto para que la mujer no sienta fuerzas para luchar contra el enemigo.

Como hombre que no sentía bien con lo que tenía en casa, Reynaldo se pasaba criticándome. Tenía una tremenda habilidad para juzgar mi valor y mis cualidades, y hacer notar mis defectos. "Tienes que hacer ejercicios...Si vieras las mujeres que están detrás de mí, te cuidarías más". Me comparaba continuamente, diciendo: "La esposa de Fulano es tremenda persona, súper chévere"; "Si vieras cómo se mantiene Fulana...está bien flaca"; "Es que tú nunca me entiendes, por eso es que no hablo contigo"; "Tú no piensas";

> *mi esposo exhibía aquellas conductas que causan inseguridad y reducen la estima propia de cualquier mujer...*

"Fulana es tan inteligente"; "Tú siempre estás gritando"; "Ya no se puede vivir contigo"; "Tú nunca me entiendes, somos dos personas tan diferentes".

Todo esto me llevó a sentirme tan insegura. No podía estar al lado de una persona que siempre me encontraba faltas y tenía a flor de labios un comentario para hacerme sentir inferior. Ya no confiaba en mí misma; mi autoestima estaba por el suelo. No me sentía atractiva, no quería salir y no tenía amigas. Me encerré en mi casa, pues no podía contarle a nadie mi situación. Delante de todos éramos la pareja feliz, aunque cuando él saliera de casa se quitara su aro de matrimonio y ante sus ojos ya no fuera la mujer atractiva, ni inteligente. Para él, solo era la madre de sus hijos, pero la influencia de los medios pesaba sobre mí. No quería hacerle daño a mi esposo, ni decir nada que lo pudiera perjudicar en el ambiente artístico ni dañar su reputación, que ya estaba dañada para los que componíamos su realidad, que era su propia familia.

Una vez nuestra secretaria me aconsejó: "Normi, ve al *'beauty'*, ponte linda, cámbiate el color del cabello y llega a tu casa antes que él. Hazle una comida especial, la que a él le guste y ya verás que él se pondrá diferente". Hice todo lo que ella me dijo; yo estaba feliz. Hasta fui y me compré una ropa nueva para verme linda para él. Pero al llegar a la casa, me dijo: "¿Qué te hiciste en el pelo?" Tomó mi cabello y me quitó el estilo. Yo tenía como unos mechoncitos en la cara. Me los tiró hacia atrás y me dijo: "Te peinaron como las viejas. Ese peinado es del año de las guácaras". Se me salieron las lágrimas y me dijo: "Ya estás llorando otra vez". Ya no sabía cómo decirle que le había hecho una comida especial, así que esperé que me pidiera comida, para servirle. De esa manera terminó mi día, que se supone que fuera uno especial.

Mi esposo era el tipo de hombre a quien tenía que gustarle todo lo que yo me pusiera e hiciera. El color del vestido, el color del pelo, con quién hablaba, todo era controlado por él. Yo no podía hacer nada por mí misma. Todo, absolutamente todo, tenía que decidirlo él. Y si a él no le gustaba o no quería, tenía que hacer lo que él había dicho y punto.

En resumidas cuentas, yo era como una marioneta. Yo tenía que hacer todo lo que él me decía que hiciera y de una forma u otra sentía temor. No hacía nada sin consultarle. Era totalmente dependiente de él. Rey trataba de que mi vida estuviera tan controlada y manipulada por él, para poder hacer con su vida lo que él quisiera a la hora que quisiera porque él sabía que yo iba a hacer lo que él me dijera.

Me vigilaba a través de mi suegra. Si yo salía a algún sitio tenía que ir con ella. Si ellos no estaban en la casa, me dejaban encerrada con llave sin poder salir. Si yo salía, le tenía que decir a mi suegra a dónde iba. Si no lo hacía, ella llamaba a su hijo y le decía: "Norma no está, se fue y no sé para dónde". ¡Era horrible!

Dios es tu seguridad

La seguridad en ti misma es el fundamento para que vayas camino al éxito. Cuando estás insegura, te desvías. Cualquier cosa te saca del enfoque, te quita el deseo de seguir hacia la meta. Si tú no estás segura, el temor y la inseguridad es algo que el enemigo usa para que tú creas que no puedes obtener lo que quieres, que no eres capaz porque no tienes un carácter definido, porque la inseguridad te mata.

Tu seguridad te la da el Señor. Muchas veces las inseguridades vienen a tu vida cuando te comparas con la persona que está con tu esposo. Cuando te comparas te sientes inferior. Eso te lleva a sentirte como víctima, a sentirte menos. Te lleva a estar en una competencia que no termina. Te consumes por dentro al solo pensarlo, quieres sobresalir, siempre pensando: "Quiero ser mejor que ella". Quieres tener la aprobación de todo el mundo porque eso te hace sentir segura, pero cuando los demás no están de acuerdo contigo te vuelves una fiera, te enojas, te irritas. Siempre buscas señalar y juzgar a la mujer que está con tu esposo y le buscas todos los defectos. Eso te hace sentir bien. Piensas que es feísima, tiene las piernas largas y la boca horrenda, se cree la mejor, la más inteligente. Buscas la forma de meterte en la mente: "Yo soy mejor que ella, yo soy más bella". Alimentas tu ego con las cosas negativas de la otra.

Querer tener el control de todo esto te lleva a manipular las cosas como te da la gana.

Ser víctima no es lo que Dios quiere para ti. Eso agota tus energías. Necesitas un carácter sólido para tener una actitud sólida en todo tiempo. Tu fuerza interna es la esperanza para que todo fluya en el orden correcto.

Mi seguridad viene de aquel que me ama más allá de lo que yo puedo imaginar. Yo estoy cimentada en Él. Dejé que Dios tomara el timón de mi vida y que mi inseguridad personal se fortaleciera en mi seguridad de que Él tiene cuidado de mí; de que yo soy su creación. Mi propósito en la vida es llegar a hacer lo que el Señor ha determinado para mi vida. Aprendí a bendecir a mi enemiga porque a través de bendecirla, yo soltaba cada vez más las riendas de mi vida y se las entregaba a Él. Aprendí que soy una creación única, excelente, hermosa, no porque sea más linda, sino porque estoy hecha por las manos más preciosas que hacen todo único y excelente. Él me formó. Soy pieza única de exclusivo valor.

> *La seguridad en ti misma es el fundamento para que vayas camino al éxito.*

Mujer, olvídate de las cualidades de la mujer extraña y mira la belleza que hay en ti. Declara sobre ti: El fuego de Dios puede quemar todo aquello que impide mi crecimiento y quita toda inseguridad y espíritu de competencia y de baja autoestima.

Tú eres la perla preciosa de Dios. Si un hombre no te da la seguridad y el valor que tienes, te lo da Dios a través de lo que Él dice de ti en la Palabra. Es ella la que te llena de una seguridad de que eres hija de Dios, lo más valioso para Él. No permitas que ningún hombre te denigre, te haga sentir menos, te controle, te manipule. Cuando la mujer es controlada pierde su esencia. Ya no es ella, vive con temor y no se atreve a tomar decisiones.

Yo tuve que ser libre. Salir de ese control cuesta. Debido a la inseguridad, cuando mi esposo me dejó y me vi sola, no sabía ni qué color me gustaba ni qué ropa era la que me hacía sentir yo misma. Me vi perdida, sentía que yo no podía seguir sola, que necesitaba a alguien que me dijera si me quedaba lindo lo que me ponía; alguien que afirmara mi decisión. No buscaba el estilo de zapatos que a Norma le gustaba, sino el que sabía que le gustaba a él. Estaba acostumbrada a buscar lo que él prefería. Pero poco a poco me fui encontrando. Por ejemplo, me gustan mucho los colores violeta, marrón y negro. Me sentí libre al saber que ya tomaba decisiones por mí misma y sabía lo que a Norma le gustaba.

Entendí que soy importante, bella, inteligente, *sexy*, que tengo mi esencia. Descubrí que me gusta ser transparente. Como todos, soy un ser lleno de virtudes y defectos, pero también sé que en Él seré transformada día a día. Tú eres real sacerdocio, pueblo adquirido por Dios. Nada supera el amor que Dios tiene por ti, ese amor fiel y verdadero. Levántate, sacúdete de toda la inseguridad.

> *"Porque tú, oh Señor Jehová, eres mi esperanza, seguridad mía desde mi juventud"* (Salmos 71:5).

> *"Yo habitaré en tu tabernáculo para siempre, estaré segura bajo la cubierta de tus alas"* (Salmos 61:4).

Tu seguridad y tu amor propio vienen de Él. Fuiste esculpida por Él, hecha por el lienzo de Dios. ¡Qué obra más bella eres tú, mujer!

Cuando comprendí que mi inseguridad me paralizaba en muchas áreas, incluso en mi matrimonio, un día le dije al Señor: "Tú dices en tu Palabra que en ti yo estoy segura, que no hay nada que yo no pueda hacer en ti". Esas palabras fortalecieron mi espíritu, me dieron esa seguridad de que no importa lo que me hayan dicho o hecho, yo sé que en Él nada podrá hacerme menguar o decaer. En Él estoy viva y me muevo a través de Él. Es en Él que tengo la seguridad de que hay algo grande que me espera y de que todo lo puedo en Cristo que me fortalece.

...un hombre no te da la seguridad y el valor que tienes, te lo da Dios...

Entonces aprendí a confiar en Dios y supe que Él iba a

transformar a mi esposo y que mi inseguridad era un obstáculo para que Él pudiera obrar. La Palabra dice que no podemos ser como la ola del mar que viene y va, que hoy dice "estoy segura" y mañana no (ver Stg. 1:6). Mi seguridad está en que Él promete en su Palabra restauración, edificación y que todo será hecho nuevo en Él. Esa seguridad en Él me guía a obtener lo que Dios promete. La inseguridad te detiene aún para las cosas más sencillas. La seguridad en Él y en su Palabra de verdad te hace correr hacia tu destino sin que nada te lo impida.

Amiga, este es tu momento de renunciar a toda baja autoestima, en el nombre de Jesús. Vamos, comienza a decir: "Jesús, yo renuncio a toda baja autoestima". Sacúdete de todo lo que te tiene paralizada y di: "Echo fuera toda inseguridad por el poder de la sangre del Cordero, porque la inseguridad no tiene parte ni suerte conmigo. Desde hoy me declaro una mujer llena del amor del Padre. Mi estima es más alta que las piedras preciosas. Yo soy bella, yo soy creación de Dios. Llena mi vida con tu Palabra, con tu amor y tu verdad. Yo soy obra de tus manos, Padre, por eso soy especial con cualidades únicas. Gracias, Padre, porque desde hoy soy una mujer especial, única y hermosa ante tus ojos. Amén".

> *La inseguridad te detiene aún para las cosas más sencillas.*

Y tú, hombre, debes entender que mientras más segura está tu esposa de ti y de tu amor, más cerca de tu corazón tendrás a tu esposa. No es lo mismo que esté en tu casa contigo a que se hagan uno en un solo corazón. Mientras más segura la hagas sentir, más tranquilo estarás tú como hombre porque tendrás una mujer entrelazada contigo. Su tranquilidad será tu tranquilidad y su paz será tu paz.

LA FALTA DE ATENCIÓN

Yo siempre estaba en la casa, contrario a mi esposo. Él estaba "con los amigos" o en un baile, o haciendo alguna entrevista, viajando o como él decía, "por ahí", o simplemente yo sabía que estaba con ella. Me sentía completamente sola. Él buscaba cualquier pretexto para no estar en casa y salir a hacer sus cosas. Cuando estaba, se pasaba viendo el juego de pelota o cualquier película, y en realidad yo estaba sola porque él vivía en su mundo, donde yo no era nada. Yo sufría de una falta de atención muy grande. Cuando le hablaba, casi nunca me contestaba. Él me hacía entender claramente que yo no era importante para él. Yo necesitaba que mi esposo compartiera conmigo tiempo de calidad, que aunque estuviera viendo su juego, me hiciera sentir que él sabía que yo estaba ahí a su lado y que eso era importante para él.

Una vez miré a mi esposo a los ojos cuando él estaba viendo un juego. Se volteó tan frío como el hielo y me dijo: "¿Qué te pasa? ¿Por qué me miras?". Y no se fijó en que simplemente lo estaba observando porque quería una mirada de amor de su parte, que me dijera: "Estoy aquí contigo, sé que estás a mi lado, te amo", solo con una mirada de afirmación. No quería que me viera como una sirvienta o algún objeto. Es horrible estar en esa situación, o en otras como estas: que tú salgas con él y él esté más pendiente a las que están a su alrededor que a ti, y que trate a los demás con tanta atención que tú hasta te sorprendes, mientras a ti te deja a un lado. No quería llevarme con él a ningún lado. Siempre salía solo y si yo le decía "voy contigo", la respuesta era un rotundo "¡No!".

Le podía decir: "Acompáñame al *mall*". Me contestaba: "No, tengo cosas qué hacer, esas son cosas de mujeres". Le decía: "Vamos a la playa". Me contestaba: "No me gusta". "Rey, vamos a comprar unas cosas para la casa". Me decía: "Toma el dinero y vete tú". No había ninguna atención de él hacia mí.

Hay parejas que llevan muchos años de matrimonio y viven de esta forma. Aún cristianos, hay hombres que llegan del trabajo y tratan a las esposas como sirvientas. "¡Tengo hambre, dame comida!" Ni siquiera les dicen: "Dios te bendiga, mi amor, ¿cómo estás, cómo pasaste el día?". Son tan egoístas que solo piensan en ellos. Dicen: "Tuve un día 'pesao', estoy bien cansado". Y comienzan: "Dame esto, dame agua", se sientan en el televisor o computadora y parecen robots, con el "dame, tráeme". ¡Horrible!

Para combatir la falta de atención...

Hombre, es importante que atienda a su e[...]
se levante a servirle a ella. Es tomarle la m[...]
televisión. Échele el brazo, recuéstela de s[...]
mente dele una sonrisa. La mujer es alguien que sabe [...]
su mirada, sus gestos. No necesita nada más que ser atento.
Eso para nosotras es algo importante; nos sentimos amadas y
atendidas.

Cuando esté en la casa los sábados, llévela a comer o al cine,
salgan a dar una vuelta. Hay matrimonios que ya ni saben cómo
disfrutarse el uno al otro, ya no hay planes. Solo se dejan llevar
por el día a día y se enfría la relación tanto, que ya ninguno
se atreve a dar una atención especial, a menos que sea día de
cumpleaños o aniversario de bodas. Regálele una flor, envíele
un mensaje de texto y dígale: "Mi amor, estoy pensando en ti".
¡Ese es un detalle bello! Pero no hay nada de eso y pretenden
un banquete al final del día. Lo que vas a tener es *fast food* y
en coche.

En el libro del Cantar de los Cantares se habla de cómo
ellos invierten tiempo el uno con el otro, cómo se disfrutan y
están siempre tratando de atenderse. Lo más importante en un
matrimonio es que cada uno piense en atender bien al otro;
hacerlo sentir importante, valioso. Cantar de los Cantares 1:7
dice: *"Hazme saber, oh tú a quien ama mi alma, dónde apa-
cientas, dónde sesteas al mediodía"*.

"Hazme saber" quiere decir que con tus actos, tú muestres
cuán importante es tu pareja para ti. No es que se lo digas, sino
que se lo muestres con tus actitudes; con ellas le haces saber a
quién ama tu alma.

Cuando Dios comenzó a obrar en Rey y en mí, vendimos
mi guagua. Teníamos un solo carro porque la única forma de
empezar a aprender a estar juntos y a darnos atención era
teniendo un solo carro. Así estábamos siempre dependiendo
el uno del otro.

Si yo estaba viendo televisión, él se sentaba a mi lado y
comenzamos a estar cerca, a darnos atención. Cada vez que él
iba a comprar algo, nos íbamos juntos. Hasta hoy estamos tan

costumbrados a estar juntos que ninguno quiere salir solo. Si yo le digo que no voy, él sigue insistiendo y me dice: "Dale, vente conmigo". Todo en la vida puede cambiar con Jesús y dos corazones dispuestos a querer lo mejor para ambos. Siempre tratamos de darnos tiempo de calidad donde podamos disfrutar y atendernos mutuamente.

Hoy disfrutamos de una relación donde yo estoy más que segura de mí misma, segura de que él me ama, porque mi seguridad está en un Dios poderoso. Dios ordenó todo para que pudiéramos pasar juntos tiempo de calidad.

EL RECHAZO

En ese entonces, yo buscaba complacer a mi esposo en todo. Quería hacer todo bien. Cuando él llegaba, la comida ya estaba hecha, yo siempre estaba para recibirlo con un beso, muchas veces le quitaba sus zapatos y las medias para que él estuviera cómodo, yo quería ser la mejor…pero sabía dentro de mi corazón que él estaba con otra persona.

Quería ser perfecta para que él no tuviera nada qué buscar fuera de mí y de mi hogar. Iba al gimnasio, estaba súper flaca y siempre bonita para que él no mirara a nadie más, pero todo lo que hacía parecía en vano. El rechazo que recibía de él era demasiado fuerte, ya que nada de lo que hacía llamaba su atención.

Un día estaba mi esposo frente al televisor viendo un programa, y yo comencé a darle besitos, a ser cariñosa, y él me dijo bien cortante: "¿Tú no ves que estoy viendo la televisión?".

> *Lo más importante en un matrimonio es que cada uno piense en atender bien al otro; hacerlo sentir importante, valioso.*

Él me estaba diciendo: "No me busques que no voy a estar contigo". A mi esposo no le importaba nada; no quería estar conmigo.

Otro día me compré una negligé *sexy* (hacía mucho tiempo que no lo hacía), me maquillé, me puse el pelo bien lindo. Para mí estaba completa, me puse mis cremitas y mi perfume para oler rico. Cuando él me vio, se echó a reír en mi cara y me dijo: "Quítate eso. Cuando tú tengas cuerpo para eso, te lo pones".

Fue una humillación tan grande que salí corriendo a mi cuarto a llorar. Pasé horas llorando. Quiero decirles que pasaron muchísimos años para que yo pudiera superar eso y ponerme algo lindo para mi esposo. Eso traumatizó grandemente mi autoestima y dejó dentro de mí una enorme sensación de rechazo.

Cuando Rey salía conmigo, me dejaba adelante para que nadie supiera que andaba conmigo. Cuando le decía "Vente a mi lado", me decía "No, no, dale tú, yo estoy aquí, quédate tranquila". Me sentía tan desdichada. No tenía a mi esposo ni su amor. Y peor aún, yo no tenía amor propio. Claro, él estaba con esta otra persona, pero lo que es peor era que tenía algunas mujeres más. ¡Mi esposo tenía un horrible espíritu de adulterio!

Rey era un hombre bien simpático y cariñoso con sus fanáticas. Veía una fanática y la abrazaba con ese amor, se inundaba de felicidad, la apretaba y su mirada era de amor hacia ella. Un día me dio un sentimiento tan grande cuando vio una fanática de él y hasta la alzó del piso en sus brazos, comenzó a bromear con ella y se reía tanto. Él era feliz y yo comencé a llorar y le dije en mi casa: "¡Cuánto me gustaría ser una fanática tuya para que me abraces, me mires con tanto amor y hables conmigo como lo haces con ellas". Me dijo: "¡Qué ridícula eres y que compararte con una fanática, a lo que has llegado!". Se volteó y se fue. Lloré tanto ese día.

> *Todo en la vida puede cambiar con Jesús y dos corazones dispuestos a querer lo mejor para ambos.*

El rechazo te lleva a alejarte de la gente por miedo a que ellos te rechacen también. Siempre estás a la defensiva; el rechazado no permite que nadie más le haga daño. Te vuelves susceptible. O, al contrario, te hace refugiarte en aquellos que te dan esa atención. En mi caso fue en mi pastora, Angélica Calveti. El rechazo tocó tan dentro de mí, que me costó volver a darle algún afecto a mi esposo.

Yo sentía que necesitaba urgentemente sentirme amada y aceptada, y recibir un abrazo o un gesto de cariño. Alguien a quien Dios usó poderosamente fue a mi pastora Angélica.

Ella es una mujer de amor, súper cariñosa. Siempre estaba abrazándome, me besaba y me decía: "Hija, Dios te abraza y te besa". Comenzó a decirme: "Norma, tú eres amada por Dios, Él te ama como nadie, su amor por ti es tan grande que murió por ti. Hija, sé que estás muy dolida por el rechazo, pero Dios quiere sanarte". Yo entendía que el que tenía que sanar mi corazón era mi esposo porque él lo había herido, pero mi Pastora me decía: "No, hija, el único que sana las heridas es Cristo". Me dijo: "Jesús dice en su Palabra que aunque te dejare madre o padre, Él jamás te abandonará…el que te rechazó fue el hombre, no fue Dios. Él siempre ha estado ahí para ti; solo tienes que dejarlo amarte y recibir ese amor". Y así, poco a poco, comencé a profundizar en la Palabra y a entender que muchas personas, no solo nuestros esposos, nos podrán rechazar, pero el que siempre tiene los brazos abiertos para ti es Cristo. Él siempre me tiene en sus brazos.

Dios me dio unas personas hermosas para estudiar la Palabra, y tuve que renunciar a todo rechazo en mi vida y declarar el amor de Dios inundando mi ser. Linda Aguirre, gracias por estar en esos primeros pasos en Cristo, y por tener paciencia y ser ejemplo para mí. Linda me ayudó muchísimo.

Hoy es el día de renunciar y de echar fuera todo rechazo en tu vida. Declara que el amor de Dios inunda tu ser de forma sobrenatural, deshace todo rechazo y se lleva todo el dolor del rechazo. Refúgiate en los brazos de aquel quien nos amó primero.

LA TRISTEZA PROFUNDA Y LA DEPRESIÓN

Toda esta situación de Penina me tenía en una depresión horrible. Era una tristeza que no se acababa. Me pasaba llorando y me sentía sin fuerzas para continuar. Era como si nada me pudiera hacer sonreír. Siempre estaba decaída, no me arreglaba, estaba en la cama todo el tiempo y era muy difícil hasta levantarme para llevar a mis hijos a la escuela. Comencé a sentir que yo tenía la culpa de que mi esposo me hubiera sido infiel. Pensaba: "Si yo lo hubiera atendido mejor, él no lo hubiera hecho. Si yo me hubiera esforzado más…". Todo esto era como una ruleta rusa que no paraba en mi cabeza. Estaba tan débil que quería morirme. Decía: "¿Para qué voy a vivir si no sirvo para nada? Si no sirvo ni siquiera para ser una buena esposa, ¿cómo entonces voy a ser una buena madre?". Comenzó mi mente a decirme: "Eres mala madre, no sirves". Esa voz no paraba nunca. No quería ni salir de mi cuarto. Cuando alguno de mis hijos me decía: "Mami, tengo hambre", yo le gritaba y le decía: "Hazte cualquier cosa". Cuando alguno me hablaba, le gritaba: "Déjame en paz, vete para allá". Ellos recibieron tratos que no merecían.

Muchas veces cuando las mujeres están en depresión o tienen problemas hacen esto mismo. Comienzan a rechazar a sus hijos, les gritan, les dicen frases como "échate pa' allá", "déjame tranquila", "no tengo tiempo para ti", y eso es lo que sembramos en ellos: falta de atención, rechazo, lo mismo que sembraron en ti. Te cobras con tus hijos y ellos crecen sintiéndose rechazados. Por eso, después crecen alejados de los padres y no hay comunicación. ¿Cómo la puede haber si no les diste seguridad, atención y amor en el tiempo que lo necesitaron?

> *Declara que el amor de Dios inunda tu ser de forma sobrenatural, deshace todo rechazo y se lleva todo el dolor del rechazo.*

Un día, mi hija llamó a su papá y le dijo: "Mami está enferma, no sale del cuarto". Rey llegó. Cuando lo vi, le dije: "Puedes irte por donde viniste". Me dijo: "Normi, los nenes están preocupados por ti. La nena está triste, porque cree que estás enferma. Dice que llevas días sin salir de tu cuarto". Yo lo escuchaba, pero solo lloraba. Supe que había maltratado a mis hijos con mi comportamiento y esto me llevó a querer quitarme la vida.

INTENTO DE SUICIDIO

Con todas estas cosas dentro de mí, ya no aguantaba más y realmente no quería seguir viviendo. Tomé un pote de pastillas y no lo pensé mucho. Mi mente estaba corriendo tan rápido y tan negativamente, que me las tragué todas. Mientras las tomaba, decía en mi mente: "Shaja, Rey, perdónenme, ya no puedo vivir así. No es esto lo que ustedes se merecen como madre. Ya estoy cansada, no puedo más…".

El enemigo me tenía esclava de tantas cosas. La Palabra de Dios dice en Romanos 6:16: "¿No sabéis que si os sometéis a alguien como esclavos para obedecerle, sois esclavos de aquel a quien obedecéis, sea del pecado para muerte, o sea de la obediencia para justicia?". Somos esclavos de lo que obedecemos, sea del pecado para muerte o de la obediencia para bendición. En mi caso, yo era esclava de mis pensamientos negativos, de mi baja autoestima, del dolor, de la depresión, del odio.

> *"Me rodearon ligaduras de muerte; me encontraron las angustias del Seol; angustia y dolor había yo hallado"* (Salmos 116:3).

Hay otros que son esclavos de la pornografía, otros de las mentiras, del adulterio, de los pensamientos lujuriosos, de homosexualismo, del lesbianismo…Hay muchas cosas de las que podemos ser esclavos, ¡pero Dios te dice que puedes ser libre! ¡Qué hermoso que hay un Dios que nos toma, nos perdona y nos limpia!

Gracias a Dios, mi esposo me vio a tiempo y me llevó al hospital. Fue una noche muy triste para mí y también para él. Recuerdo que cuando desperté, él estaba llorando y me dijo: "Mi amor, ¿cómo hiciste algo así?". Y lloraba y luego decía: "No vuelvas a hacer algo así". Y me abrazó. Él me guardó ante mis hijos. Ellos nunca se enteraron hasta que yo lo dije en un testimonio.

CUIDA TU VIDA

Mujer, tú no eres dueña de tu vida, ni tienes derecho a decidir cuándo mueres. Eso le corresponde a Dios. El suicidio no es una solución. El enemigo quiere verte muerta, claro está, irás directo al infierno. Dios quiere darte una nueva dirección. Si estás pasando una situación difícil como la que yo pasé y has tenido pensamientos suicidas, por favor, llama ahora mismo a alguien para que te ayude. No alojes ese pensamiento. Si vives en Puerto Rico, llama al 1-800-981-0023, al 1-888-672-7622 (Primera Ayuda Psicosocial) o al 911. Si estás en algún otro país, llama a una línea de ayuda de emergencia (911 en Estados Unidos, por ejemplo) para que te dirijan al teléfono correcto donde pueden ayudarte en tu desesperación. Si alguna de estas alternativas te falla, no te quedes sola, ni encerrada en tu casa. Localiza a un familiar, un vecino, una amiga o amigo, hospital o iglesia en busca de socorro y ¡salva tu vida!

> *"Jehová, roca mía y castillo mío, y mi libertador; Dios mío, fortaleza mía, en él confiaré; mi escudo, y la fuerza de mi salvación, mi alto refugio"* (Salmos 18:2).

> *"Sostiene Jehová a todos los que caen, y levanta a todos los oprimidos"* (Salmos 145:14).

El egoísmo

Voy a hablar un poco del egoísmo porque lo viví en carne propia y sé lo que se siente ser lo último en la lista del esposo. Rey era un hombre sumamente egoísta. Nunca pensaba primero en nosotros como familia. Él era primero, segundo y tercero éramos sus hijos y yo. Para él, el día solamente existía para su persona: para arreglarse, ir al gimnasio, mirarse en el espejo y pedir que le sirvieran.

Todo era él. Si yo quería ir a algún lugar, tenía que buscar el tiempo que le sobrara a él de hacer sus cosas. ¿Te suena familiar? Él gastaba cientos de dólares en una camisa, un mahón tenía que ser de ochenta dólares, sus zapatos tenían que ser de un diseñador famoso y costaban casi doscientos dólares, y sus relojes y perfumes eran de marcas como Cartier. Pero cuando yo decía que necesitaba algo, mis zapatos no valían más de cincuenta dólares. Mi ropa no podía ser costosa. La única forma de que él me compraba algo bueno era en ocasiones especiales. No había dinero para mis cositas, ya saben, las cositas que a las mujeres nos gustan, pero él tenía de todo y demás.

Entiendo que tenía que estar a la altura de la gente en el ambiente donde se movía, pero ese ambiente daña. Te lleva a competir y a pensar solamente en ti. Cada vez que salía con mi esposo, él exigía que yo estuviera súper arreglada, el pelo exacto, maquillada, porque era la esposa de Chino y no me podían ver mal arreglada. Él mismo me decía: "¿Sabes lo que me dijo una fanática cuando te vio? Que estabas gordita, qué mucho habías engordado". Después me decía: "Te lo dije, tienes que rebajar, la competencia está dura". Para ese tiempo yo no estaba gorda, estaba delgada, pero él quería que estuviera en tamaño 5 y estaba en tamaños 7 u 8. Así era que me presionaba para que me viera como él quería y exhibirme como un trofeo.

Muchas veces el egoísmo no permitía ni que sus hijos fueran lo primero. Con frecuencia, mi hijo Reynaldito le decía: "Papi, vamos a jugar baloncesto". Él le respondía: "Ahora no puedo, tengo que salir" o "Tengo un compromiso", o simplemente le inventaba una excusa. Él no tenía nada que hacer, pero estar en la casa le irritaba. Tenía que salir de mi casa y tenía que dejarse ver para que la gente lo elogiara.

Cuando un hombre es egoísta, su estima propia se basa en lo que los demás dicen sobre él. Mi esposo tenía tres carros: un Corvette, un Mustang y una Ford Expedition Eddie Bauer que me regaló. Claro está que tomaba decisiones sin consultarme. Si quería comprar el carro, iba solo, se lo compraba y llegaba a la casa con el carro. Cuando yo decía: "¿Qué es eso? Pero no me dijiste nada para acompañarte". Me contestaba: "Me lo compré porque yo quise. Yo soy el que me gano el dinero y lo gasto en lo que yo quiero". Así actuaba todo el tiempo. Nunca me preguntaba nada ni me hacía partícipe de ninguna decisión. Solo contaban él, su dinero, su fama y su ego.

¿Qué tal si hoy tomas una decisión en cuanto a tu comportamiento y decides sacrificarte por el beneficio de aquel que está a tu lado?

En realidad, el egoísmo es lo contrario del verdadero amor, el que se basa en querer agradar a los demás, amar a los demás. El amor nos hace salir de nosotros mismos y darnos a lo que amamos, transformándonos. En cambio, el egoísmo nos tiene como centro de todas las cosas y hacemos que todo convenga para lo que nosotros queremos. Por eso el egoísta no se sale de sí mismo, sino que todo lo que hace es buscar el bien solamente para sí.

> *"Ninguno busque su propio bien, sino el del otro"* (1 Corintios 10:24).

> *"El que ama su vida, la perderá; y el que aborrece su vida en este mundo, para vida eterna la guardará"* (Juan 12:25).

Este verso justamente se refiere al verdadero amor y al egoísta que hace que nos amemos de modo desordenado, o sea, más que a Dios. Este amor es el dañino, el que mata.

¿Qué tal si hoy tomas una decisión en cuanto a tu comportamiento y decides sacrificarte por el beneficio de aquel que está a tu lado? Sé diligente en procurar el bien ajeno aún a costa del propio. Me refiero a tu conducta humana; que sea definida por la preocupación o atención desinteresada por el otro o los otros, al contrario del egoísmo. La mayor satisfacción que un ser humano pueda tener es hacer feliz a su familia, a su cónyuge, a sus hijos y tener un entorno donde reine la felicidad, antes que los propios intereses.

Declaro que hoy es un día de renovación en tu interior y en tus prioridades. Declaro en tu cónyuge, si sufre de esto, que hoy es libertado del egoísmo, que Dios comienza a hacer la buena obra, que es transformado y que sus prioridades son Dios primero, su familia y luego su persona, en el nombre de Jesús.

El amor al dinero

> *"…porque raíz de todos los males es el amor al dinero, el cual codiciando algunos, se extraviaron de la fe, y fueron traspasados de muchos dolores"* (1 Timoteo 6:10).

Muchas veces le preguntaba a mi esposo: "Mi amor, ¿cuánto dinero hay en la cuenta?". Me contestaba: "¿A ti qué te importa, para qué quieres saber?". La cuenta de banco estaba a nombre de él y solo él podía sacar dinero. Yo no estaba autorizada a preguntar nada sobre esa cuenta.

Su afán por el dinero era algo grande. Le gustaba tener dinero y negocios. Tuvo muchos negocios. Vendía prendas al principio, luego vendió seguros de vida, después tuvo un servicio automático de lavar carros. Lo increíble era que Dios le dio un don y todo lo que hacía prosperaba. De ahí venían su seguridad y su ego. Decía: "Yo voy a hacer esto o aquello". Salía y le iba bien. Lo malo era que todo ese dinero era para sus deleites.

Hubo un momento, cuando yo empecé en los caminos del Señor, que estaba con mi pastora todo el tiempo y me iba con ella de viaje. Ella iba a congresos y me decía: "Vente conmigo, Norma". No había viaje al que yo no fuera y él rápido me pagaba los pasajes. Hasta le pagó el pasaje a una amiga para que se fuera conmigo. Me daba dinero para hotel y comidas, muy contento. Yo me decía: "¡Qué raro que cuando se trata de viajes se pone tan suelto y me da dinero sin pensarlo!". Me decía: "Toma, mi amor, ¿qué más necesitas?". Y yo decía: "Wao, Dios lo está cambiando". Me iba y regresaba llena de la Palabra de Dios. Salía mucho de viaje y yo feliz porque era la única forma en que él estaba contento dándome todo.

Por supuesto, después me di cuenta de que él me daba todo para quedarse solo todos esos días y hacer de las suyas. Lo que él no sabía era que Dios me estaba pagando adiestramientos espirituales que después yo iba a usar para guerrear por él. ¡Dios está pasao'! Y Rey riéndose porque yo estaba lejos. Ahora él dice: "¡Qué tonto fui yo! Estaba invirtiendo en el destino profético que Dios tenía para ti".

Dios hace cosas maravillosas. Él trabaja a nuestro favor. Aun cuando yo vivía este infierno, Dios tenía preparado algo bueno para mí. También tiene algo muy grande para ti.

Capítulo 13:

DIOS ENTRA EN MI VIDA

HAY UN AMIGO nuestro que se llama Junior Castillo. Es un pastor ahora, pero estuvo con mi esposo en el grupo llamado Zona Roja. Él me invitó a ir a un culto de su iglesia y yo fui. Estuvo realmente poderoso, tocó mi corazón y acepté a Cristo, pero no seguí visitando ninguna iglesia. Todo quedó ahí.

Al tiempo, me llamó un amigo nuestro, Feliciano Serrano (Felo), de Unción Tropical. Me dijo: "Norma, sé que estás separada de Chino. Eso no puede ser, yo creo que Dios puede hacer un milagro". Él empezó a hablarme del amor de Dios y a decirme que él sentía de parte de Dios que yo tenía que ir al culto del domingo en la tarde. Él comenzó a orar por mí y lo que yo hice fue quitarme el teléfono de la oreja. Imagínense lo mal que estaba, que no recibía ni una oración.

Cuando él terminó de orar, me dijo: "Vas a ir la iglesia". Claro está que le dije "NO" más rápido que volando. Él me dijo: "Norma, ve solo una vez. Si no te gusta, no vuelvas". Le dije: "Está bien". Llegué primero y me senté. Desde que llegué, sentí la presencia de Dios y no podía dejar de llorar. Le dije a Dios: "Estoy aquí, no porque quiero que restaures mi matrimonio, eso no me importa. Quiero que me restaures a mí. Por favor, Señor, quítame el dolor, la decepción, esto que tengo en mi pecho, este enredo que solo tú puedes desenredar. Señor, por favor, escucha lo que te digo, ya no quiero sufrir más".

Lloraba y lloraba…y cuando estaba por acabarse el culto, la pastora Angélica Calveti me dijo: "Así te dice el Señor: 'Yo restauraré tu matrimonio y serán pastores'". ¿Qué? ¿Qué dice esta señora? Claro que yo abrí mis ojos más grandes que dos platos, me reí en su cara, porque yo decía dentro de mí: "Esta pastora no sabe la clase de demonio que yo tengo por

EL AMOR QUE TRIUNFA

marido…¡y que nosotros pastores que estamos más perdidos que Caín! Olvídalo". No le hice ningún caso y para ser sincera no creí una sola palabra. Mi esposo llegó allí. Cuando lo vi me dieron ganas de salir, mas él se sentó dos sillas después de la mía. Mi amigo Felo nos invitó a los dos sin decirnos. ¡Gracias, Felo! Te dejaste usar por Dios.

Ese día cuando salí de la iglesia, me sentía tan liviana y drenada. Se había ido parte del dolor que había en mí. El fluir de Dios fue algo hermoso, su presencia la pude sentir en toda mi alma. La iglesia me gustó mucho. Era pequeñita, como de unas treinta o cuarenta personas y seguí yendo. Dos semanas más tarde hubo un invitado, yo estaba sentada en la última silla de la iglesia, o sea, bien atrás, y él me dijo: "El Señor te dice que Él va a restaurar tu matrimonio y van a ir a las naciones y restaurarán muchos matrimonios. Dios los usará con poder". En ese instante, algo penetró muy adentro de mi corazón, sentí un calor, y dije: "¿Cómo puede ser que dos personas me digan lo mismo?". Y creí. En verdad, creí la Palabra. Para ese entonces, Rey no vivía en casa. De tantas veces que nos separamos, en esta ocasión llevaba como cinco meses fuera de casa.

Yo no sé si te han dado alguna palabra profética, pero lo que te puedo decir es que Dios tiene muchas promesas para ti. La Palabra dice: "Yo restauraré los lugares torcidos"(ver Is. 45:2), "Yo soy el que restaura los cimientos de muchas generaciones" (ver Is. 58:12), y "La gloria postrera de tu casa será mejor que la primera" (ver Hag. 2:9). Hay mucha Palabra de Dios en la cual puedes creer de todo corazón, y ella obrará a tu favor.

ENTREGA Y APRENDIZAJE ESPIRITUAL

Desde ese día, dije: "Sí, creo. Tengo que aprender la Palabra, tengo que entenderla". Claro está que llegaba los martes a tomar mis clases, y jueves, viernes y domingos. Quería aprender más de Dios. En ese tiempo, mi pastora me dijo: "Hija, quiero que vayas a un retiro en ayuno". Le pregunté: "¿Qué es eso?". "No vas a comer nada, después te explico". Yo, bien obediente, fui e hice como me dijo.

La pastora llevó dos muchachas que también eran nuevas

como yo: una se llamaba Aracelis y otra, Ana. Ana era rebelde, tremenda, con un testimonio precioso. Dios la sanó, pero en ese entonces ella bebía y me dijo: "¿Tú estás en ayuno?". Le dije: "Sí". Ella me dijo: "Pues yo no. ¿Quieres comer?". Sacó una galleta y yo muerta del hambre, le dije: "No, la pastora dijo que

Dios tiene muchas promesas para ti.

no". Ella me dijo: "Qué pastora ni qué pastora. Yo no me voy a morir de hambre. Dale, dale, cómetela, cómetela". Y yo, ¿qué creen? Me la comí.

Después me dijo: "Vámonos de aquí". Yo le dije: "¡Tú estás loca! ¡No! Yo de aquí no me voy". Era en un campo en Humacao. Ella me decía: "Dale, tú tienes carro, vámonos". Ahí sí que no le hice caso. Le dije: "No, yo me quedo y tú también". Mi pastora es muy sabia y me preguntó: "Norma, ¿comiste?". Y le dije: "Ay, pastora, sí, me comí una galleta". Claro está que no dije que me la dio Ana y me dijo: "Está bien, solo quería saber".

En la noche estábamos todas durmiendo. Ana estaba durmiendo al lado de la pastora y como a las cuatro de la mañana comenzó ella a darle a la pastora; fue una cosa bien fea. Yo me asusté y me arrodillé con la cabeza en el piso y mis brazos tapándome la cabeza, porque lo que Ana tenía era un demonio y yo estaba bien asustada. Comenzaron a sacársela de encima a la pastora y a orar por ella y hacerle una liberación. Yo no sabía qué era una liberación; lo que sí te puedo decir es que desde ese día yo creí en el poder de Dios y que los demonios existían.

Yo estaba en el piso, tapada porque tenía miedo, pero yo sentía que algo me daba vueltas alrededor. Yo decía en mi mente: "Esto no puede ser". Pero seguía sintiendo eso dándome vueltas. Yo no levantaba la cabeza para nada y estaba llorando del susto. De repente, vino la pastora Carussi, me tocó y dijo: "¡Espíritu de muerte y de brujería, déjala!". Cuando ella dijo eso, yo pude ver claramente una cosa horrible que ni voy a expresar porque no tiene importancia, pero me asusté más y quería irme a mi casa ya. Todo se tranquilizó y la pastora me explicó lo que había pasado. Le dije: "Pastora, yo vi esto", y le expliqué. Ella me dijo: "Amada hija, Dios me muestra que eres una guerrera y una profeta de Dios". Me lo dijo en profecía.

Me fui contenta, porque yo era una guerrera de Dios y una profetisa. ¡Qué tremendo!

Salimos del retiro sábado como a las cinco de la tarde y me fui a casa, pero al llegar me fui a bañar y cuando abrí la cortina, había una cosa horrible en el baño. Estaba en la puerta como una vieja. Cerré la cortina y como yo siempre tengo el celular en la esquina de la bañera, marqué el número de la pastora gritando. Ella me dijo: "Hija, ¿qué pasa?". Le dije que había una vieja en la puerta. Yo me arrodillé en la bañera y la pastora empezó a orar y a reprender. Después me decía: "Abre la cortina". Le decía: "¡No!". "Hija, abre la cortina". "No, pastora", le decía, "estoy muerta del miedo". Ella comenzó a orar para que todo espíritu de intimidación se fuera de mí y cuando abrí la cortina, ya no estaba. Esa noche le dije a mi pastora bien molesta: "Dile a Dios que yo no quiero ser guerrera y que no me interesa ver más cosas de esas; que me dé otro don". Me dijo: "Hija, los dones no los escogemos nosotros. Él nos los da como quiere". Le contesté: "Pues dile que yo no lo quiero y punto".

Cuando comencé a entender la Palabra, empecé a comprender que mi lucha no era contra carne ni sangre, que mi batalla era espiritual y le dije a Dios: "Padre, sáname a mí primero, sana mi corazón del dolor del quebrantamiento para poder ser útil y hacer las cosas como tú dices en la Palabra. Dame la fortaleza para creer, aún sin haber visto". Comencé a asistir a la iglesia y para ese entonces, como tenía tantas heridas, llamaba a mi pastora como cinco veces al día haciéndole preguntas. Muchas veces lloraba, porque era un bebé espiritual y, aunque leía la Palabra, se me hacía difícil creer. Muchas veces me desesperaba tanto que mi pastora tenía que llegar hasta casa, porque yo tenía una crisis de depresión.

Pastora Angélica, gracias por aquellas noches que te quedaste conmigo en mi casa, cuando tus brazos fueron los brazos de Dios, cuando supiste dejar tu casa y tu iglesia para atenderme. Gracias, porque cada momento que te necesité estuviste ahí para mí, para enseñarme a depender de Dios, para recitarme la Escritura y declararla sobre mi vida. Mama, gracias por enseñarme a amar a Dios, a obedecer su Palabra y a someterme a ella. Gracias por enseñarme lo que es la lealtad. Gracias por disciplinarme cuando era necesario, todo con tu gran amor y por andar la milla extra por nosotros. Gracias por soportar mis ataques de ira, que eran muchos. Gracias porque nunca te diste por vencida, por ayunar conmigo durante tantos años, por mi matrimonio; por enseñarme a conquistar a través de la Palabra. Gracias, Dios, por darme esta sierva tan especial. ¡Siempre serás mi madre espiritual! ¡Te amo!

Mientras más iba a la iglesia, más me apasionaba por Dios. Al mes de estar en la iglesia, iba todos los días menos lunes y sábados. Me gustaba ir de día para que la pastora me enseñara. Yo tenía unos sueños horribles donde peleaba con demonios. Casi todas las noches tenía sueños después que acepté al Señor. Era algo que no paraba y necesitaba llenarme de la Palabra. Dios me mostraba todo a través de sueños. Mi pastora se quedaba impresionada con todo lo que yo le contaba y decidió enseñarme a ayunar y a orar. Me dijo: "Hija, a ti te llevo en patinetas, porque Dios me dijo que te enseñara todo". Yo comencé a ayunar por mi esposo solo tres días como mi pastora me decía y oraba por mi esposo como ella me indicaba.

Me gustaba estar cerca del altar. Yo iba casi todos los días, me ponía a limpiar la casa de Dios y le decía a Dios: "Si yo me encargo de tu casa, tú te encargarás de la mía. Si yo me encargo de tus cosas, tú te encargarás de las mías". Así me pasaba horas en la iglesia, aprendiendo, orando con mi pastora por mi matrimonio. Ella me decía: "Hija amada, la obediencia a la Palabra y la sujeción a ella te dan autoridad".

"Cómete la Palabra", me decía, "ayuna, ora, la espada es la Palabra". Me dio muchos libros. El primero fue *Lo que dices recibes* de Don Gossett, porque yo era bien negativa. Siempre tenía en mi boca un "no, no se puede, no va a volver, nunca va a cambiar" y ella me decía: "Hija, cambia tu forma de hablar. Tus palabras son decretos".

Capítulo 14:

PERDÓN, REGRESO Y EL NUEVO ENGAÑO

MI ESPOSO TAMBIÉN comenzó a asistir a la iglesia y nos daban consejerías individualmente. Como a los dos meses, hubo un culto sobre el perdón donde se habló del perdón de Dios. Yo estaba llorando mucho, porque aunque Rey estaba yendo a la iglesia, él nunca me había pedido perdón por nada de lo que me había hecho. La pastora preguntó: "¿Quién quiere pedir perdón?". Se levantó un hermano y comenzó a pedirles perdón a su esposa y a sus hijos, porque le había sido infiel a su esposa. Él decía cosas tan bellas que yo bajé la cabeza, cerré mis ojos y le dije a Dios: "Señor, por favor, que algún día mi esposo me pida perdón. Yo lo necesito, mira ese hombre cómo pide perdón. Eso es bello".

De momento, Rey estaba sentado a mi lado y me dijo: "Normi, yo te quiero pedir perdón". Me dijo cosas bien bellas. Yo lo abracé, empezamos a llorar los dos y nos tomamos de las manos. De momento, yo vi que él se paró en el altar y empezó a pedirme perdón delante de todos. Yo dije: "De verdad, Dios, eres bueno". Después de eso, Rey volvió a casa. Estábamos viviendo un amor muy lindo, yo estaba tan agradecida de Dios, iba a la iglesia en el día a limpiarla, a orar y a tomar mis clases, y en las noches iba al culto. Estaba en ese amor que es grande, ese amor que tú dices: "Dios, te amo, gracias por devolverme mi esposo, tu Palabra se cumplió, gracias por tu misericordia. Tú eres bueno". Estaba tan confiada en mi Dios.

Había pasado un mes de haber vuelto con mi esposo y mi felicidad era enorme. Un día, la pastora me dijo: "Hija, el perdón es algo hermoso. Hoy te voy hablar del perdón". Comenzó a hablarme sobre lo que la Palabra dice acerca del perdón. Todo lo que ella me decía, yo intentaba recibirlo en mi espíritu y llevarlo a cabo. Algunas cosas se me hacían más fáciles que otras, pero siempre di lo mejor de mí. Yo tomaba esa Palabra y se la daba a una amiga mía que era esposa de otro merenguero muy famoso. Éramos muy amigas y todo lo que me decían sobre el perdón, yo lo compartía con ella. Días después de esas clases, la pastora me dijo: "Norma, ven a la oficina". Yo estaba bien contenta, porque todo estaba súper. Me dije: "Bueno, a lo mejor la pastora me llama para algo bueno". Fui contenta y confiada.

Vi a mi esposo sentado en una silla y me dijo: "Siéntate". Me senté y lo vi preocupado. Le pregunté a mi pastora: "¿Qué pasó?". Ella comenzó a decirme: "Hija, hay cosas que uno no se espera en la vida, pero tenemos que ser fuertes". Mi esposo empezó a llorar y yo, como estaba tan contenta, le dije: "Mi amor, no llores, ya yo te perdoné, está todo bien". Pero la pastora dijo: "Hija, hay algo que tu esposo tiene que decirte". Lo miré y con tanto amor le dije: "No llores así". Él me dijo: "Es que una persona me llamó y me dijo que está esperando un hijo mío". Traté de estar lo más tranquila posible y le pregunté: "¿Quién es? ¿Yo la conozco?". Me dijo que sí. Ahí mi corazón comenzó a acelerarse y él, casi sin poder hablar, me dijo: "Es Penina".

Cuando me dijo ese nombre, mi pastora estaba a mi lado con su brazo sobre mis hombros. Me levanté de la silla en una reacción de incredulidad, porque se supone que Penina estaba en Estados Unidos. Rey me había mentido durante tantos años y ella nunca se fue. No me pude contener sobre mis pies. Caí a los pies de mi pastora, me agarré fuerte de ella y comencé a gritar a toda voz: "¡Ella no!, ¡ella no! ¿Por qué, Señor, por qué, por qué me haces esto, por qué me hiciste creer en ti para después venirme con esto? Señor, no puedo soportar este dolor, este golpe es demasiado grande, me voy a morir". Le decía a la pastora: "Dios no puede hacerme esto, yo confié en Él. ¿Cómo puede ser esto? Pastora, por favor, dime algo". Ella estaba orando por mí, pero yo no podía dejar de gritar. Estuve allí tirada mucho tiempo.

El Espíritu de Dios me decía: "Yo te perdoné a ti. ¿Quién eres tú para no perdonarlo a él? Yo te di promesas. O te quedas ahí postrada y el enemigo tiene la victoria o te levantas. Yo pelearé por ti. ¡Levántate!". Le decía: "No tengo fuerzas, no podré con esto, es muy fuerte, esto es para toda la vida, no quiero". Yo te digo, siendo transparente que yo, Norma, jamás me hubiera levantado de aquel lugar, pero me venía la Palabra de Dios a mi espíritu y a mi mente. Norma, allí tirada, tenía ganas de agarrar a mi esposo y patearlo, darle en la cara hasta que me cansara, quería escupirle por mentiroso, por haberme engañado todos esos años, pero de momento sentía al Espíritu Santo en mí que me decía: "Levántate, persiste. La Palabra dice que si perdonas a los hombres sus ofensas, Él también perdonará las tuyas; pero 'si no perdonáis a los hombres, tampoco vuestro Padre perdonará vuestras transgresiones'" (ver Mt. 6:14-15; 18:35).

Y te digo que por la gracia y misericordia de Dios, en sus fuerzas, no en las mías, confiando en Él, no en Norma, me levanté. Fui delante de Rey. Él creía que yo lo iba a dejar porque sabía que Norma jamás le iba a perdonar eso, pero en Cristo sí. Le dije: "Si Dios me perdonó a mí, ¿quién soy yo para no perdonarte a ti?". Él no lo podía creer. Sus ojos de sorprendido eran algo impresionante. Él me abrazó y yo lo abracé, pero le dije: "Tenemos que hablar". La pastora me dijo: "No esperaba menos de ti, hija, te felicito". Oró por mí por fortaleza y yo me fui a casa con él. Al otro día, él se iba de viaje con Grupo Manía a Miami y no hablamos más del tema. En toda la noche lo único que escuchaba de él era: "¡Gracias, mi amor, te amo!".

PALABRA DE DIOS PARA UN MOMENTO COMO ESTE...

"Pero he aquí que yo la atraeré y la llevaré al desierto, y hablaré a su corazón. Y le daré sus viñas desde allí, y el valle de Acor por puerta de esperanza; y allí cantará como en los tiempos de su juventud, y como en el día de su subida de la tierra de Egipto" (Oseas 2:14-15).

Dios nos habla desde el desierto. En el desierto se formó mi zapata espiritual, en el desierto se formó la intercesora, en el desierto se formó la guerrera, en el desierto se formó mi carácter, en el desierto aprendí obediencia, en el desierto aprendí a morir a mí misma para que Él se levantara. En el desierto aprendí a escuchar la voz de Dios. Desde allí es que Dios te habla, y no sólo te habla; dice que te entregará.

En el valle de Acor, que es el valle de la dificultad, tenemos la esperanza de ver todo como Él lo ve. La esperanza es que estás a la expectativa y se anticipa ansiosamente algo por lo cual uno aguarda. Aquí la bendición de Dios sobre mi matrimonio transformó todo plan del enemigo de divorcio, de ruina, de separación, de odio. El enemigo quiso matarme, pero no sabía que yo tenía la espada en mi mano y que Dios tomaría la maldición y la convertiría en bendición.

Tres días después de que mi esposo se fue, alguien llamó a este programa de televisión de chismes y dijo todo: que Chino estaba esperando un hijo fuera de su matrimonio, cuántos meses de embarazo tenía ella y de dónde era ella. Yo no estaba en mi casa. Yo iba de camino para unas prácticas de baloncesto de Reynaldito. Ese programa es en las tardes y para ese entonces todo Puerto Rico lo veía. Llegué a la cancha y yo veía que todo el mundo cuchicheaba y me miraban. Yo seguía en la práctica, pero sabía que algo estaba pasando, porque era muy obvio. De repente, mi mamá me llamó y me preguntó: "¿Estás bien?". Le contesté: "Sí, ¿por qué?". Ella me dijo: "¿No sabes lo que salió en la televisión?" "¡No!", contesté. Ella estaba histérica y me dijo: "¿Qué es eso que Rey tiene una mujer que tiene cuatro meses de embarazo y se llama Penina?" Yo no le había contado nada a mi mamá. Comencé a llorar en plena cancha de la vergüenza, porque entonces entendí por qué ellos me miraban y cuchicheaban. Me imagino que pensaron: "¡Se enteró ahora!". Salí corriendo de allí.

Llegué a mi hogar y el teléfono no paraba con las llamadas de las revistas, los programas radiales buscando una contestación. No me atrevía a salir por miedo a la prensa y a la gente porque, disculpen que se los diga, muchos no tienen corazón y son crueles con el dolor ajeno. Llamé rápido a mi esposo a Miami, le conté y él me dijo: "Te voy a sacar un pasaje. Te vienes acá conmigo en lo que se tranquiliza todo allá". Y me fui al otro día. En el aeropuerto, nos encontramos a un artista muy reconocido y al ver a Rey le dijo algo bien desagradable referente al chisme. Rey lo miró y le dijo: "Mira, ella es mi esposa". Él me miró y dijo: "Ay, perdón, disculpa, no sabía que estabas con él". La gente es bien impertinente.

Hablamos allá y le dije: "Yo te perdoné, pero hay condiciones. Quiero conocer a tu hija desde chiquita, amarla como si fuera mía, que ella vea que yo soy tu esposa. Jamás vas a ir a ver a tu hija sin mí. Cuando hables con Penina por teléfono, quiero escucharlo todo". Claro está, ya no había nada de confianza y yo tenía que establecer, desde ese momento, lo que no iba a permitir. Quería que él estuviera bien claro. A todo me dijo: "Sí, mi amor, como tú digas". También hablamos de que él se hiciera una prueba de paternidad para saber si era su hija o no. Eso lo dije yo. Estaba muy herida y tenía la esperanza de que la niña no fuera hija suya.

En aquellos días no paraba de llenarme de la Palabra de Dios. Leía la Biblia, pues solo en Él está la fortaleza de mi vida.

"Jehová, roca mía y castillo mío, y mi libertador; Dios mío, fortaleza mía, en él confiaré; mi escudo, y la fuerza de mi salvación, mi alto refugio" (Salmos 18:2).

Te amo, oh Jehová, fortaleza mía. Tengo que menguar yo para que Él crezca en mí.

Capítulo 15:

DIFÍCIL REALIDAD

ERA UN DÍA hermoso, me sentía muy tranquila e iba con mi esposo en el carro a hacer unas diligencias. Ya era por la tarde cuando recibí la llamada de mi madre, y ustedes podrán imaginarse para qué me llamó. Estaba viendo el programa de chismes. Dijeron que Penina había dado a luz una niña, felicitaron a Rey por ser padre nuevamente y dijeron uno que otro comentario fuera de lugar. Me quedé tranquila, pero con un sentimiento que nunca había experimentado. Él me tomó de la mano y me dijo: "Tranquila". En mis adentros decía: "Solamente yo iba a ser la madre de sus hijos, ese era mi orgullo, lo único que yo sabía que era solo nuestro". Las dos veces que había hablado con ella, le decía: "Tú eres la querida, yo soy la madre de sus hijos". Ahora tenía que tragarme esas palabras y eso me costaba demasiado.

Alondra, así se llama su hija, nació a finales de agosto, pero Rey no sabía cómo dar el paso de ir a verla. Ya había pasado como un mes y algunos días y llegó el cumpleaños de mi esposo, que es a principios de octubre. Me levanté temprano para llevar a mis hijos a la escuela y fui a una boutique a comprarle un regalo a mi esposo; algo que le demostrara cuánto lo amaba. Compré el regalo y se lo envolví bien bello. Cuando llegué a casa, él estaba durmiendo y comencé a cantarle "feliz cumpleaños". Él, bien contento, comenzó a abrir su regalo. ¿Saben qué compré en esa *boutique*? Dos trajes realmente hermosos en hilo y encajes, como para una reina, con sus lazos y sus zapatitos. Cuando él lo vio, se puso blanco de la impresión. Le dije: "Mi regalo es que vayas a ver a tu hija". Tenía mis ojos llenos de lágrimas, porque sabía que era lo correcto y aunque mi corazón nunca hubiera querido que él fuera, Dios me decía que hiciera lo correcto. La nena no tenía culpa de nada; ella era inocente. Él me dijo: "Están preciosos; voy a ir". Yo le dije: "Y yo estaré en la iglesia orando, porque esto es algo demasiado fuerte para mí".

Me fui a la iglesia a orar y le decía al Señor: "Padre, estoy haciendo lo correcto, pero ¿por qué me duele tanto? Por favor, quítame este dolor, susténtame con tu favor y tu gracia. Dame más amor para cuando él llegue lo pueda ver con el amor de Dios y no con resentimiento. Dame el valor para enfrentar lo que me espera. Dame el amor para amarla como si fuera mi hija". Él llegó a la iglesia como a la una de la tarde y rápido me abrazó. Su cara era de un hombre muy feliz y me dijo: "Gracias, mi amor, por lo que hiciste".

Quiero decirte que verlo tan feliz me dolía mucho, pero supe controlarme para que él viera que yo estaba en control. Él enseguida sacó una foto de su hija para mostrármela, con una sonrisa en sus labios; estaba orgulloso de su hija. Cuando vi esa foto, estallé en llanto, porque era como si viera a mi hijo Reynaldito cuando nació. Eran dos gotas de agua, puro padre, ¡idénticos! Eso fue como si me abofetearan la cara miles de veces, pero le dije: "Wao, es idéntica a Reynaldito, ¡es preciosa!". Me tomó un tiempo reponerme de eso, pero no le peleaba a mi esposo; yo siempre iba a la corte del cielo a presentar mis quejas.

DIOS EN TI

En ese tiempo, yo sentía cómo Dios me tenía en sus brazos y, de alguna forma, en mi espíritu sentía su calor y su amor. Dios te llevará a hacer cosas que jamás pensaste, porque estás en Él. Yo nunca hubiera hecho lo que hice, pero el Espíritu Santo te guía siempre a que hagas lo que está en el orden de Dios y a nosotros nos toca decidir si obedecemos o nos quedamos estancados en nuestras frustraciones y egoísmo. Dios te va a romper, te va a llevar a hacer cosas fuera de tus límites que están en su corazón. Allí es donde Él te dice: "Harás lo que yo quiero o lo que tú quieres. Lo que yo tengo para ti siempre será para transformarte y para que aprendas a vivir por el espíritu y no por la carne; para bendecirte, para llevarte a otros niveles en fe".

El espíritu y la carne siempre están en una pelea. La carne siempre dirá: "Véngate", "No lo perdones", "Búscate otro" o "No lo dejes ir". Te siembra dudas, hace que te quedes atrapada en tus sentimientos o simplemente te dice: "Nunca lo vas a lograr; por más cosas que hagas, siempre será igual".

El Espíritu te dice: "Confía, haz el bien, no se turbe tu corazón ni tengas miedo, mata el mal con el bien, susténtate en mi Palabra y en el poder de mi fuerza. Cada vez que haces bien a quien te ofende eres más semejante a mí. Tú y yo somos más que vencedores".

SE REPITE LA TRAICIÓN

Pasó el tiempo y mi esposo comenzó a ver a su hija a escondidas de mí. Nunca me decía cuándo iba a verla y se iba solo. Cuando le preguntaba: "¿Has visto a la nena?", me decía: "Sí, hace como una semana". Le preguntaba: "¿Por qué no me dijiste?". Me contestaba: "Ah, porque se me pasó". Así estuve soportando sus men-

> *Dios te llevará a hacer cosas que jamás pensaste, porque estás en Él.*

tiras durante dos años más. Jamás cumplió las promesas que me había hecho, Penina y él se veían a escondidas y nunca me trajo la nena en esos dos años. ¡Nunca! Le preguntaba muchas veces por qué insistía en ver a su hija a escondidas de mí y él nunca me respondía. Siempre me decía: "Ay, es que como estoy cerca, paro a verla y después se me olvida decírtelo". Le decía: "Sí, yo entiendo que puede pasar una que otra vez, pero ¿todo el tiempo?". Él comenzó a ir a la iglesia solamente los domingos, empezó a llegar tarde a casa y reanudó su conducta anterior. Yo me sentía cada vez más pisoteada, por él y por ella. No soporté más y le dije: "Nos vamos a separar, ya no aguanto más esto".

Como yo siempre lo aceptaba de regreso, él pensó: "Me voy unos meses y luego vuelvo". Pero no sabía que cuando una mujer se siente ya humillada hasta lo sumo, pisoteada, traicionada por tanto tiempo y tantas veces, hasta el más fuerte se rinde. No fue fácil perdonar algo tan imperdonable, pero peor fue soportar dos años más sus altas y bajas, sus mentiras, su doble vida. Ya estaba cansada de que él estuviera jugando en dos terrenos durante casi ocho años. Dije: "Ya basta. Si lo quiere, se lo doy con lazo y todo".

Se fue de la casa y pasaron como dos o tres meses. Cuando él vio que yo no iba a dar el brazo a torcer, que estaba firme en mi decisión, decidimos vender la casa. Par de días antes de vender, él me preguntó: "¿De verdad quieres hacer esto?". Le dije: "Sí. Ya lo de nosotros se acabó".

¡Cómo nos engañamos las mujeres! Vendimos la casa y me fui a vivir a un apartamento en Caguas, donde él iba a visitar a sus hijos y terminábamos juntos. Pasó esto como un año completo. Él sabía que no estaba conmigo, pero quería sentirse dueño de mí y que me tenía controlada. Él podía hacer lo que le daba la gana, podía estar con todas las mujeres que quisiera, se fue a vivir con unos amigos en un apartamento, se daba vida de rico, estaba al garete. Ya yo no lo reconocía. El hombre de quien yo me enamoré había muerto; la lujuria y el mundo lo tenían atrapado por completo. Un día, cuando ya había pasado el tiempo, le dije: "No te vayas, quédate aquí conmigo, vamos a intentarlo otra vez". Me contestó: "No, tú estás loca. Yo me voy; solo vine a verlos y me voy". Él me tenía como un juguete que tomaba cuando quería. En una ocasión, fui a verlo a casa de su mamá. Él estaba durmiendo y sonó el teléfono de la casa. Lo descolgué y luego vine a saber que era Penina.

Cuando él se dio cuenta de que yo sabía quien lo había llamado, me dijo que no quería nada conmigo, que me fuera. Le caí a golpes y luego le dije: "¡No volveré a buscarte jamás!". Desde ese día hice un pacto conmigo de que jamás lo llamaría y que nunca me volvería a acostar con él. Cuando él venía a ver a los nenes trataba de estar conmigo y yo le decía: "Respétame, habla con los nenes y puedes irte. Lo de nosotros se acabó". Comencé a tratarlo con indiferencia. Él como que no lo podía creer y lo intentó par de veces. Cuando vio que yo estaba firme, las cosas cambiaron.

Déjenme darles un consejo a todas mis amigas que están separadas de sus esposos. No tengas intimidad con él. Mientras le facilites las cosas, él va a estar tranquilo, porque obtiene de ti lo que él quiere. Tener intimidad contigo lo lleva a sentirse seguro de ti todavía. Haz un alto hoy mismo y date tu valor. Si él quiere estar contigo, que pague el precio. ¡Ya basta! Pasaste a ser de esposa a amante. El día que decidas romper ese vínculo por más que te duela, Él va a empezar a darse cuenta de lo que perdió. Más aún, él sabrá cuánta falta tú le haces. Valórate, respétate. Si tú no te respetas a ti misma, ¿cómo esperas que él te respete?

En ese tiempo, creció en mí un rencor fuerte contra Penina. Era algo que decía dentro de mí: "¡Me las va a pagar!". El rencor es como una enredadera que va tomando tu corazón y lo va envolviendo en resentimiento. Eso no me dejaba seguir hacia adelante porque el deseo de venganza era cada vez más grande. Me volví dura, resentida y quería vengarme. Dejé de ir a la iglesia durante ocho meses. Esos meses fueron un infierno para mí; hice un alto en todo. Conseguí un trabajo, comencé a salir algunas veces y llegué a tocar fondo.

Quiero hablar de algo muy importante. Hay momentos cuando la mujer está vulnerable. No estás sana del proceso; estás en un tiempo cuando quieres hacerte notar. Necesitas escuchar que eres linda, que alguien te diga: "¡Qué lindo tienes tu pelo hoy!" o simplemente: "Hoy estás bien bonita", "Si yo fuera hombre y tú fueras mi esposa, jamás te dejaría sola", "Si tu esposo te dejó no sabe lo que perdió", "Tú eres tan especial", frases como ésas. Cuando escuches esto, ¡cuidado, aléjate lo más que puedas!

El hombre sabe cuando una mujer está débil y es como el lobo. Quiere venir con los colmillos bien afilados, porque sabe que cualquier cosa que te diga va a tocar tu corazón y a llenar áreas vacías que tú deseas que sea tu esposo quien las llene. Pero como estás herida, necesitas a alguien más para alimentar tu ego que está por el suelo. Lo aceptas para sentirte admirada, para sentirte bonita, para sentir que aún, a pesar del tiempo, todavía sigues siendo bella, o simplemente por vengarte y solo vas a conseguir hundirte más en tu difícil situación.

Entiendo que hay un tiempo de negatividad y de una fuerza que te llama a vengarte, hacer que él pague por lo que hizo. Te recomiendo que en ese tiempo busques ayuda. Desahógate con alguna líder o una amiga madura de la iglesia que te dé palabra sabia. Yo siempre me desahogaba con mi pastora. Si no lo haces, harás cosas de las que te puedes arrepentir el resto de tu vida. Ese mal tiempo pasará pronto y las aguas volverán a su lugar. Trata de que en la tormenta, el Espíritu Santo tome el timón de tu vida.

Quiero agradecer mucho a mi amiga y hermana Mariemma. Esta amiga me ayudó muchísimo en este tiempo y me daba buenos consejos (hoy en día es sicóloga). También me sacó de mis momentos de desesperación y de depresión e hizo que me fuera a estudiar a la Universidad Pentecostal Mizpa. Gracias, Mariemma, fuiste mi ángel en ese tiempo; gracias por sacarme del vacío y de la negatividad. Ella me ayudó a entender que mi vida giraba

> *El rencor es como una enredadera que va tomando tu corazón y lo va envolviendo en resentimiento.*

en torno a lo que yo decidiera y creyera y que yo era una guerrera de Dios. Hizo que me levantara y caminara, me sacudiera de todo lo malo y que volviera a ser aquella Norma que se levantaba en las fuerzas de Dios y siempre le daba palabras de aliento. Ella quería a esa Norma de vuelta.

DE REGRESO A LA CASA DE DIOS

Durante esos ocho meses fuera de la iglesia, mis hermanos en la fe me llamaban, me buscaban para que volviera, me enviaron una canasta de uvas porque el nombre de la iglesia es Fruto de la Vid. En la canasta había una tarjeta bella que leía: "Te extrañamos", y mi corazón saltó de alegría. Me llamaban al trabajo para orar por mí. Temprano un domingo, recibí una llamada. Cuando contesté el teléfono, mi apóstol me dijo: "Hija, aquí hay alguien que quiere decirte algo. La iglesia entera me dijo: "'Norma, te extrañamos'". Ese día lloré muchísimo y oraron por mí. Me dijo mi pastora: "¡Hija, Dios te llama!". Eso llegó a lo profundo de mi corazón. Le dije: "Voy el domingo".

Cuando llegó el domingo, estaba bien nerviosa de volver a la iglesia. El enemigo me decía: "No te atrevas a entrar, allí no eres bienvenida", y mi corazón latía tan fuerte que no sabía qué hacer. Escuchaba los cánticos de adoración y antes de subir ya sentía algo dentro de mí que quería explotar. De momento llegó mi amada hermana Enid y me dijo: "¿Qué haces acá abajo sola?". Le contesté: "Estoy pensando si entro". Me dijo: "¿Qué?". Me dio un empujón que caí en el elevador y me dijo: "¡Vas a subir ahora!". ¡Te amo, Enid! Ella me dio un abrazo bien grande, como solo ella sabe hacerlo. Enid es una mujer profetisa de Dios y canta precioso, y ella, Linda, Keishla y yo éramos del grupo de adoradores con Daniel Calveti, que para ese tiempo era el líder de adoración. Luego fue su hermano Giosue, el pastor de adoración. Ella sabía exactamente qué decirme porque me conocía muy bien; es mi amiga y mi hermana. Me dijo: "No le hagas caso al diablo, que él no quiere que entres. Dios te está esperando".

> *Trata de que en la tormenta, el Espíritu Santo tome el timón de tu vida.*

Cuando entré en el templo (la puerta queda en la parte de atrás del templo), una persona gritó: "¡Mira a Norma!" y todos miraron hacia atrás. Yo quería morirme y mi pastora dijo: "Está bien, todos acá, dejen a Norma tranquila". Ese día me arrodillé en la silla y solo le decía a Dios: "Perdóname por alejarme de ti, perdóname por ser rebelde, perdóname por dejar todo atrás, perdóname por dudar, perdóname porque hice cosas que no estaban bien, perdóname porque hice mi voluntad y no la tuya, perdóname porque después que conocí tu gloria me alejé de ella, perdóname, perdóname, límpiame, restáurame, perdona mi iniquidad y mi rebelión, santifícame, ¡perdóname, Señor!".

Luego la pastora me llamó a la oficina y me dijo: "Hija, cuéntame todo lo que ha pasado en este tiempo". Algo que yo tengo y que mi pastora me enseñó muy bien fue a siempre decir la verdad, ser transparente. Eso es lo que te hace libre. Yo nunca le mentía; siempre le decía la verdad por negativa que fuera. Y comencé a contarle todo lo que había hecho. Ella me dijo: "Hija, Dios te perdona. Esta es tu casa y tienes que tomar tus clases y estar en tiempo de restauración para que puedas volver a tu lugar, al altar. Cuando ella dijo eso, le dije: "¿De verdad puedo volver al altar?". Y me respondió: "Claro, después de sanarte, en el tiempo de Dios". Le dije: "Gracias, Dios, porque tú eres fiel, nadie como tú. Nunca más me alejaré de ti. Jamás volveré atrás".

Les cuento que no dejé de ir a una clase, mis tiempos de oración eran cada vez más largos y más hermosos. Tenía mi mentora. Se llama Wanda, la mejor. Como me ponía derechita a través de la Palabra, me pasaba limpiando la iglesia, especialmente el altar. Otra vez le decía a Dios: "Te amo tanto…si yo me encargo de tu casa, tú te encargas de la mía". Un día mi pastora me dijo: "Hija, la semana que viene comienzas a adorar". Le dije: "¿De verdad?" Me dijo: "Sí, hija". Yo estaba súper contenta. Ese día llegué temprano a la iglesia porque ella me llamó y me dijo: "Hija, ven que te necesito". Cuando llegué, me dijo: "Hija, ve al baño y límpialo, por favor, está grave". Le dije: "Sí, mama, rapidito". Cuando vi el baño, estaba horrendo y comencé a limpiarlo. El tiempo corrió y comenzó la adoración. Al escucharlos, comencé a llorar limpiando el baño. Lo dejé reluciente.

Al terminar, la pastora me dijo: "Ahora, hija, ve a la cocina, por favor, y limpia lo que esta allí". Dije: "Muy bien". Fui y el fregadero estaba lleno de platos y utensilios sucios. Yo comencé a llorar sin poder parar y le dije a mi mentora: "No es justo, yo todo lo hago con amor, pero yo anhelaba estar adorando". Ella, muy sabia, me dijo: "Tú adoras a Dios en todos lados. Si adoras a Dios fregando, tu adoración llegará al trono de Dios". Al terminar, mi pastora me dijo: "Hija, tú eres una mujer sumisa. Te admiro". Yo lloraba sobre sus hombros y me dijo: "Es tiempo; la semana que viene participas como adoradora". Sin yo saberlo, lo que observaba mi pastora era sujeción, porque a la verdad, yo explotaba de nada. Tenía un carácter bien fuerte, pero Dios nos transforma.

De esa manera, regresé al equipo de adoración, y como yo estaba todos los días en la iglesia orando, limpiando baños, todo lo que se pudiera hacer para que la casa de Dios estuviera linda, la pastora me dio un voto de confianza y me dijo: "Hija,

Difícil realidad

¿puedes venir desde las nueve para que estés en la iglesia hasta las tardes contestando las llamadas y tomando mensajes para mí?". Le dije: "¡Claro que sí!". Yo no tenía nada qué hacer hasta la tarde que los nenes salían de la escuela. Así comencé hasta trabajar en las oficinas de la iglesia y ser la escudera de la pastora.

Ya había pasado como dos años separada de mi esposo, cuando le dije a mi pastora: "Mama, Dios me va a dar un varón nuevo de paquete, bien ungido, un varón de Dios bello, ¡hermoso!". Mi pastora me miró bien seria y me respondió: "Hija, Dios te va a dar uno nuevo, sí, es verdad, ungido, un varón de Dios, pero es el mismito que tienes, renovado". Le respondí: "¿Qué?". Y me dijo: "Sí, así mismo". Mi pastora y yo éramos bien unidas. Yo sabía cuando ella estaba triste, cuando estaba preocupada. Ella era mi madre espiritual. Yo casi siempre entraba a las nueve de la mañana y salía a las once o doce de la noche. El templo era mi casa. Me llevaba a mis dos hijos luego de la escuela, ellos estaban conmigo sembrando para el Reino.

Mi pastora fue una madre que nunca dejó de creer que Dios haría un milagro en nosotros. Por más fea que se viera la situación, ella se mantuvo creyendo. Decía: "Ustedes serán pastores; Dios hará cosas grandes con ustedes". Y mira que nosotros no éramos fáciles, teníamos unos genios "vola'os", mas ella decía: "Dios los tomará y los restaurará". Jamás nos dijo que nos divorciáramos. Ella no cree en el divorcio, a menos que haya maltrato físico. Muchas veces, yo corrí con su fe, cuando ella decía: "Hija, Dios no te dejará en vergüenza". Yo decía: "Padre, yo creo la Palabra que ella dice. Y yo corro en su fe". ¿Cuántos no hemos corrido con la fe de nuestros pastores? Gracias, Señor, por esos pastores que no se cansan, que no se dan por vencidos como la pastora Angélica y el pastor Juan Luis Calveti, guerreros de Dios. Bendícelos y dales la sabiduría para seguir guiando a personas difíciles, como éramos nosotros.

Mi pastora ayunaba conmigo y orábamos por mi matrimonio. Ella hizo cosas tremendas por mí, por mi esposo. Ella dejó de ser ella. Ella me enseñó lo que es la guerra espiritual, me enseñó a ver a través de los ojos de Dios y no por los míos, y me enseñó a depender de Dios y no del hombre.

Capítulo 16:

¡GUERRA! ARREBATA LO TUYO

Y<small>A YO ESTABA</small> sana, restaurada, cimentada en Cristo. ¡Era otra! Un día, orando, no sé cómo le dije al Señor: "Padre, cuida a mi esposo donde quiera que esté y cumple tu propósito en Él. Si mi pastora me dijo que Dios me lo devolvería nuevo, entonces hay que creer". Cuando yo estaba en el altar, le decía: "Estoy aquí. Vengo a la corte celestial con mi abogado Jesucristo. Necesito que me hagan justicia".

PRIMER ARMA DE GUERRA: AYUNO CON ORACIÓN TRAE REVELACIÓN

Comencé un ayuno de cuarenta días por mi esposo Rey para que Dios rompiera todo lo que lo tenía atado al adulterio, al pecado, al mundo y a la lujuria. Terminaba esos cuarenta días y entonces hacía tres días como el ayuno de Ester, sin agua. Dios me daba sueños proféticos, me mostraba con quiénes estaba mi esposo y hasta me mostró el camino hacia la casa de Penina. Él era y es mi guía. Con Él, no hay nada que no salga a la luz.

De acuerdo a los sueños, yo oraba y Dios me mostraba todas las cosas, porque yo estaba sometida completamente a Él. Ya no era Norma, era Él en mí, Jesús dirigiendo mis pasos. Cuando tú te sumerges en Él, Dios hace cosas tremendas. Te transporta a una gloria mayor y te hace ver lo imposible.

El Espíritu me llevaba a ayunar y en cada ayuno me daba estrategias que compartiré contigo en este libro. Cada ayuno era una enseñanza. Era tiempo de romper ataduras, declarar y recibir por el Espíritu palabra de sabiduría y de revelación. Esto no es solo para mí, sino también para ti si te atreves a ver más allá de tus ojos naturales. Dios te llevará a conquistar tu matrimonio; te va a dar las herramientas. Solo Él puede trasformar tu vida.

El rompecabezas tiene una portada que tiene el paisaje ya hecho, pero por dentro está hecho pedazos, ¿verdad? Igual pasa con nosotros. Dios tiene un diseño hermoso para nosotros, pero nuestras decisiones incorrectas y nuestras acciones dejan ese paisaje en pedazos. Sin embargo, si tú decides creer y te sueltas confiado en sus brazos, Dios, con su amor, toma esos pedazos y los une en Él, no a tu forma, sino a la forma de Él, y será un paisaje hermoso porque dejaste que el arquitecto por excelencia tomara cada pedazo roto, lo pusiera en el lugar correcto y lo sellara con la sangre del cordero.

Hice tantos ayunos que ya ni recuerdo: el de Daniel, el de Ester, volví a los cuarenta días, y así mi vida desde algún punto se volvió una continua guerra por mi esposo. No era ya aquel amor que me dañaba, ni aquella mujer que dependía. Era algo dirigido por el Espíritu, pues ya yo no sufría por nada aunque sabía que él estaba con ella. Dios me había sanado porque Él fue mi medicina. Era algo espiritual.

Te enseñaré poco a poco todo lo que Dios me mostró y su palabra, para que tú también declares y arrebates lo que te pertenece. Antes de todo lo que vas a hacer, tienes que conocer la estrategia del enemigo. Cuando comencé a ayunar y a orar, empecé a recibir revelación del Señor, quien me llevó al libro de Proverbios. Mientras iba leyendo, el Espíritu mismo iba llevándome y enseñándome, primero, qué le había pasado a mi esposo, y qué nos había faltado en nuestra vida espiritual.

CONOCE LA ESTRATEGIA DEL ENEMIGO

El capítulo 2 del libro de Proverbios te habla del valor de la sabiduría. Aquí el Señor me mostró cómo Dios nos había dado su Palabra y habíamos recibido palabra de sabiduría, pero había unas cosas que teníamos que hacer primero: recibir la Palabra. La concordancia Strong te explica el concepto de "recibir la sabiduría" (*Laca'kj*, Strong #3947) como apoderarse, arrebatar, capturar, envolver, entre otras.

Primero, tenemos que recibir la Palabra, apoderarnos de ella y envolvernos completamente en esa realidad. Segundo, guardarla dentro de nosotros. Tercero, buscarla y anhelarla como a la plata. Y por último, escudriñarla como un tesoro. Entonces entenderemos el temor de Jehová y hallaremos conocimiento (ver vv. 1-5).

Como podemos ver, hay unos requisitos. Entiendo que muchos matrimonios van a la iglesia y hacen como mi esposo y yo. Tratábamos de que la pastora nos diera una Palabra o en su consejería hiciera algo mágico en nosotros. Pero cuando el Espíritu me llevó al libro de Proverbios, entendí que no habíamos hecho nada de lo que decía en los Proverbios. Sí, leíamos la Biblia, pero todo se quedaba ahí. Entendí que la Palabra tiene que penetrar todo tu ser, cambiarte a ti primero para que después puedas lanzarla con autoridad hacia otros. También supe que Dios nos había hablado de muchas formas, pero ambos no guardamos la Palabra como la plata, si no que entró en nosotros y de la misma manera, salió.

Entonces pasará lo que dice Proverbios 2:16-18: *"Serás librado de la mujer extraña, de la ajena que halaga con sus palabras, la cual abandona al compañero de su juventud, y se olvida del pacto de su Dios. Por lo cual su casa está inclinada a la muerte, y sus veredas hacia los muertos."*

Esto es lo que pasa cuando no guardamos la Palabra. La mujer extraña vino, la que halaga con sus dulces palabras, hace que él deje la mujer y se olvide del pacto que hizo con Dios. Por eso su casa (la de él) está inclinada a la muerte. Fuerte, ¿cierto? Así estaba mi casa: inclinada hacia la muerte.

Mas el Señor me llevó a esta otra palabra en Proverbios 5:3-20, y me dijo: "Mira lo que tiene seducido a tu esposo". *"Porque los labios de la mujer extraña destilan miel, y su paladar es más blando que el aceite."*

La mujer extraña siempre tiene un hablar suave, delicado, seduce con sus palabras. Es una mujer que duerme a cualquiera. Hay mujeres que son tremendas en el arte del hablar. Cuando vienes a ver, estás más envuelto que un pastel directito a la olla. Son mujeres a quienes les gusta sobresalir entre las demás, para que vean que son inteligentes y que siempre tienen un tema de qué hablar. Se desenvuelven muy bien en cualquier sitio y con cualquier tema.

"Mas su fin es amargo como el ajenjo, agudo como espada de dos filos" (v. 4).

¡Hombres, cuidado, su fin es amargo! Su hablar dulce es su espada de doble filo. Su hablar te hará sentir importante, te dirá palabras dulces, te dirá cuán grande eres como hombre, te dirá: "Yo soy la que te entiende, te amo, no puedo vivir sin ti, yo nunca te gritaría". Con sus labios caerás en sus garras.

"Sus pies descienden a la muerte; sus pasos conducen al Seol" (v. 5).

Cuando vayas tras ella, tu mente estará diciendo: "Voy para el paraíso", pero la Palabra dice bien claro que esos pasos te llevarán a la muerte.

"Sus caminos son inestables; no los conocerás, si no considerares el camino de vida. Ahora pues, hijos, oídme, y no os apartéis de las razones de mi boca. Aleja de ella tu camino, y no te acerques a la puerta de su casa; para que no des a los extraños tu honor, y tus años al cruel; no sea que extraños se sacien de tu fuerza, y tus trabajos estén en casa del extraño; y gimas al final, cuando se consuma tu carne y tu cuerpo, y digas: ¡Cómo aborrecí el consejo, y mi corazón menospreció la represión; no oí la voz de los que me instruían, y a los que me enseñaban no incliné mi oído! Casi en todo mal he estado, en medio de la sociedad y de la congregación. Bebe el agua de tu misma cisterna, y los raudales de tu propio pozo. ¿Se derramarán tus fuentes por las calles, y tus corrientes de aguas por las plazas? Sean para ti solo, y no para los extraños contigo. Sea bendito tu manantial, y alégrate con la mujer de tu juventud, como cierva amada y graciosa gacela. Sus caricias te satisfagan en todo tiempo, y en su amor recréate siempre. ¿Y por qué, hijo mío, andarás ciego con la mujer ajena, y abrazarás el seno de la extraña?" (vv. 6-20).

Proverbios 6:24-29 continúa explicando la condición de la impureza sexual:

"Para que te guarden de la mala mujer, de la blandura de la lengua de la mujer extraña. No codicies su hermosura en tu corazón, ni ella te prenda con sus ojos; Porque a causa de la mujer ramera el hombre es reducido a un bocado de pan; y la mujer caza la preciosa alma del varón. ¿Tomará el hombre fuego en su seno sin que sus vestidos ardan? ¿Andará el hombre sobre brasas sin que sus pies se quemen? Así es el que se llega a la mujer de su prójimo; no quedará impune ninguno que la tocare".

"Mas el que comete adulterio es falto de entendimiento; corrompe su alma el que tal hace. Heridas y verguenza hallará, y su afrenta nunca será borrada" (vv. 32-33).

"Porque mirando yo por la ventana de mi casa, por mi celosía, vi entre los simples, consideré entre los jóvenes, a un joven falto de entendimiento, el cual pasaba por la calle, junto a la esquina, e iba camino a la casa de ella a la tarde del día, cuando ya oscurecía, en la oscuridad y tinieblas de la noche. Cuando he aquí, una mujer le sale al encuentro, con atavío de ramera y astuta de corazón. Alborotadora y rencillosa, sus pies no pueden estar en casa; unas veces está en la calle, otras veces en las plazas, acechando por todas las esquinas. Se asió de él, y le besó. Con semblante descarado le dijo: Sacrificios de paz había prometido, hoy he pagado mis votos; por tanto, he salido a encontrarte, buscando diligentemente tu rostro, y te he hallado. He adornado mi cama con colchas recamadas con cordoncillo de Egipto; he perfumado mi cámara con mirra, áloes y canela. Ven, embriaguémonos de amores hasta la mañana; alegrémonos en amores" (Prov. 7:6-18).

"Lo rindió con la suavidad de sus muchas palabras, le obligó con la zalamería de sus labios. Al punto se marchó

tras ella, como va el buey al degolladero, y como el necio a las prisiones para ser castigado; como el ave que se apresura a la red, y no sabe que es contra su vida, hasta que la saeta traspasa su corazón" (vv. 21-23).

"Porque a muchos ha hecho caer heridos, y aun los más fuertes han sido muertos por ella. Camino al Seol es su casa, que conduce a las cámaras de la muerte" (vv. 26-27).

"La mujer insensata es alborotadora; es simple e ignorante. Se sienta en una silla a la puerta de su casa, en los lugares altos de la ciudad, para llamar a los que pasan por el camino, que van por sus caminos derechos. Dice a cualquier simple: Ven acá. A los faltos de cordura dijo: Las aguas hurtadas son dulces, y el pan comido en oculto es sabroso. Y no saben que allí están los muertos; que sus convidados están en lo profundo del Seol" (Prov. 9:13-18).

El hombre que está cautivo con todas estas cosas es como si le pusieran un velo y no va a recibir todo lo que tú le puedas decir. Es como si le pusieran tapones en sus oídos; no escucha, está sordo y está ciego.

SEGUNDA ARMA DE GUERRA: DECLARA LA PALABRA

"Si permanecen en mí y mis palabras permanecen en ustedes, pidan lo que quieran, y se les concederá" (Juan 15:7).

Algo bien importante es que la Palabra tiene que permanecer en ti, porque la Palabra dentro de ti te hace orar correctamente de acuerdo a lo que Dios establece. *Permanecer* significa mantenerse sin cambios en un lugar, estado o calidad. O sea, tenemos que mantenernos creyendo firmes en esa Palabra. No es creer hoy y dudar mañana. Es permanecer y mantenerte firme, a pesar de cualquier circunstancia. Cuando permanecemos en Él, nos llenamos de un poder sobrenatural que viene a ser parte de nosotros. Eso te da derecho a gobernar. Tú eres la gobernante de tu casa, de tu territorio y de tus hijos a través de la Palabra, y no el enemigo.

La Palabra es viva. Si es viva es que tiene vida y si tiene vida, entonces lo que yo declare, si está muerto, vivirá por su Palabra de verdad. Ella es el poder creador. Nada cambiará si tú sigues siendo esclava de tu razonamiento. Tienes que dejar tu entendimiento e introducir la Palabra en todo tu ser. Entra en la dimensión espiritual por fe, solo por fe. Por la fe se conquistaron reinos, según dice la Palabra.

"Envió su palabra para sanarlos, y así los rescató del sepulcro" (Salmo 107:20).

"Él envía su palabra a la tierra; velozmente corre su palabra" (Salmo 147:15).

"...así será mi palabra que sale de mi boca; no volverá a mí vacía, sino que hará lo que yo quiero, y será prosperada en aquello para que la envié" (Isaías 55:11).

"¿No es mi Palabra como fuego, dice el Señor, y como martillo que quebranta la piedra?" (Jeremías 23:29).

A través de esa Palabra, creamos; lanzada desde un corazón inundado de fe entrelazado al Espíritu de Dios es una explosión para el diablo, una bomba masiva que destruirá todo lo que el enemigo quiera hacer con ustedes en el matrimonio, en el nombre de Jesús.

"Si permanecéis en mí, y mis palabras permanecen en vosotros, pedid todo lo que queréis, y os será hecho" (Juan 15:7).

Y mirando como en un espejo la gloria de Dios, somos transformados de gloria en más gloria. Quiero decirte que siempre que te mires en el espejo espiritual, Dios va a tomar esa visión y la va a llevar de gloria en más gloria, en más gloria, según el Espíritu.

Yo veía a mi esposo ministrando, lo veía como un hombre temeroso de Dios, lo veía sometido a su Palabra, lo veía amando a Dios más que a mí, lo veía envuelto en su amor, lo veía amándome, lo veía siendo un sacerdote de bien, lo veía sometido por completo a la Palabra de Dios. Y Dios fue tomando mi visión y la llevó a su nivel de gloria.

> *"Y os restituiré los años que comió la oruga, el saltón, el revoltón y la langosta, mi gran ejército que envié contra vosotros"* (Joel 2:25).

Todo lo que te robó el enemigo, te lo devolverá siete veces más. Tienes que conocer la Palabra, llenarte de ella, pues ella es tu arma número uno en esta guerra. La Palabra de Dios es tu espada con la que cortarás la cabeza a tu gigante y ese gigante caerá.

TERCER ARMA PODEROSA Y DECISIVA: ¡PROFETIZA!

Estaba en el altar orando, derramando mi corazón delante de Dios, porque yo había hecho de todo, pero todavía no veía el cumplimiento total en mi esposo. Siempre hay cambios donde vemos la mano de Dios obrando, pero yo quería ya arrebatar mi milagro completo. Entiendo que tenemos que pasar desiertos, pruebas en nuestras vidas, pero siempre llega el tiempo de la conquista.

Los israelitas estuvieron en el desierto, pero entraron a la tierra prometida; no se quedaron en el desierto para siempre. Veo personas que están años con el mismo desierto. Los ves a los diez años y siguen en el mismo desierto. No lo acepto. Dios nos ha dado una autoridad delegada, a través de su Palabra, para echar fuera todo lo que el enemigo ha traído a nuestras vidas. Nosotros pertenecemos a un Reino donde todo lo que decretemos creyendo en fe, lo obtendremos.

El centurión tenía una necesidad. Su siervo estaba enfermo y sabía que Jesús podía hacer el milagro. Él no permitió ni que Jesús llegara donde estaba el siervo. Solo le dijo: "¡Envía la Palabra!" (ver Mateo 8:8). ¡Qué revelación! Él sabía que a través de su Palabra, solo lanzando la Palabra, su siervo obtendría sanidad. La Palabra envuelta con la fe sobrenatural hace una bomba atómica contra el enemigo.

Estaba tan envuelta en la presencia de Dios. Sentía su poder y, un día, el Espíritu me llevó a Ezequiel 37. Recibí la siguiente revelación.

> *"La mano de Jehová vino sobre mí, y me llevó en el Espíritu de Jehová, y me puso en medio de un valle que estaba lleno de huesos. Y me hizo pasar cerca de ellos por todo en derredor; y he aquí que eran muchísimos sobre la faz del campo, y por cierto secos en gran manera. Y me dijo: Hijo de hombre, ¿vivirán estos huesos? Y dije: Señor Jehová, tú lo sabes"* (Ezequiel 37:1-3).

El Señor me dijo: "Estos huesos representan todo lo que está seco en tu matrimonio". En mi matrimonio, había muchas cosas secas en gran manera. Me dijo: "Anota todo lo seco que hay en tu matrimonio". Busqué rápidamente un papel y comencé a escribir: falta de amor, falta de comunicación, desconfianza, mentiras, falta de perdón, celos, contiendas, mal humor, separación, falta de respeto, griterías, orgullo y muchos otros. Pasé horas buscando lo que estaba seco en mi esposo y en mí. Entendí que el mismo Jesús me preguntaba: "¿Crees que vivirá todo esto que está seco en tu matrimonio?". Y realmente le dije: "Señor, solamente tú lo sabes, pero sé que tú lo harás. Eres un Dios poderoso que puede hacer todas las cosas".

Me dijo entonces: "Profetiza sobre estos huesos, y diles: Huesos secos, oíd palabra de Jehová". *"Así ha dicho Jehová el Señor a estos huesos: He aquí, yo hago entrar espíritu en vosotros, y viviréis"* (vv. 4-5).

Cuando el Espíritu me dijo "profetiza sobre esos huesos secos", entendí que había orado muchas veces por mi esposo, había ayunado por él por muchos años, pero no había profetizado sobre lo que realmente estaba seco. Entendí que mi esposo era de Cristo. Solo tenía que profetizar sobre todo lo que nos hacía daño, todo lo que nos separaba, todo lo que dividía mi casa y nos alejaba. Entendí que el Señor me decía: "Has hecho todo, pero necesito ahora que canceles y que comiences a lanzar mi Palabra sobre él. Será lo único que hará vivir lo que está muerto. Cuando profetizas la Palabra, lanzas flechas contra el enemigo. Solo en ella está el poder y la autoridad, y hará todo para lo cual la envíes. Cuando pude ver todo esto, dije: "Señor, entro en la batalla por mi esposo".

Comparto las siguientes palabras proféticas para aquellas situaciones que representaban lo que estaba seco en mi matrimonio y que tú puedes utilizar para rescatar tu matrimonio.

Adulterio, lujuria, fornicación

"Por que tú eres Jehová nuestro Dios. Vosotros por tanto os santificareis y seréis santos porque yo soy santo" (Levítico 11:44).

"...llamado a ser santos..." (1 Corintios 1:2).

"Santifícanos en tu verdad. Tu Palabra es verdad" (Juan 17:17).

Padre, cancelo todo adulterio, lujuria y fornicación en mi esposo, y declaro y profetizo sobre él y sobre mí. Tu sangre preciosa nos santifica. Amén

Falta de amor

"...el amor no se envanece...el amor nunca deja de ser" (1 Corintios 13:4, 8).

Ahora cancelo toda falta de amor y declaro y profetizo esta Palabra sobre mi esposo y sobre mí, en el nombre de Jesús.

Mentiras

"Envía tu luz y tu verdad; éstas me guiarán" (Salmo 43:3).

"Mas el que practica la verdad viene a la luz" (Juan 3:21).

"Compra la verdad, y no la vendas; la sabiduría, la enseñanza y la inteligencia" (Proverbios 23:23).

"Porque tu misericordia está delante de mis ojos, y ando en tu verdad" (Salmo 26:3).

"Santifícalos en tu verdad; tu palabra es verdad" (Juan 17:17).

"Pero cuando venga el Espíritu de verdad, él os guiará a toda la verdad; porque no hablará por su propia cuenta, sino que hablará todo lo que oyere, y os hará saber las cosas que habrán de venir" (Juan 16:13).

Declaro y profetizo que entramos en tu luz y en tu verdad. Cancelo la mentira en nosotros y nuestro hogar, y declaro la verdad del evangelio de Juan 14:6, que dice: *"Tú eres el camino, la verdad y la vida"*. Entramos por el camino de la verdad y la vida ahora, en el nombre de Jesús.

Celos y contención

"Porque donde hay celos y contención, allí hay perturbación y toda obra perversa" (Santiago 3:16).

Cancelo los celos en mi matrimonio y declaro la Palabra en el libro de Santiago, que dice que esto es terrenal y diabólico. Cancelo de raíz todo celo en mi matrimonio. Los celos no tienen parte ni suerte y profetizo que en nosotros hay, como dice Santiago 3:17, sabiduría de lo alto, que es primeramente pura y purifica nuestros corazones de todo celo. Nuestra relación es pacífica, amable, benigna y estamos llenos de buen fruto. Amén.

Doble ánimo

"Acercaos a Dios, y él se acercará a vosotros. Pecadores, limpiad las manos; y vosotros los de doble ánimo, purificad vuestros corazones" (Santiago 4:8).

"Así que, hermanos míos amados, estad firmes y constantes, creciendo en la obra del Señor siempre, sabiendo que vuestro trabajo en el Señor no es en vano" (1 Corintios 15:58).

"De tu presencia proceda nuestra vindicación, vean tus ojos la rectitud" (Salmo 17:2).

Declaro y profetizo rectitud en nosotros en todo tiempo, en el nombre de Jesús. Cancelo el doble ánimo en nosotros y declaro que su sí es sí y su no es no. Somos rectos en tus caminos y en todo lo que hacemos porque tú amas la rectitud.

Obras de la carne

"Mas el fruto del Espíritu es amor, gozo, paz, paciencia, benignidad, bondad, fe" (Gálatas 5:22).

"...porque el fruto del Espíritu es en toda bondad, justicia y verdad" (Efesios 5:9).

"Así que, amados, puesto que tenemos tales promesas, limpiémonos de toda contaminación de carne y de espíritu, perfeccionando la santidad en el temor de Dios" (2 Corintios 7:1).

Cancelo toda obra de la carne en mi esposo. Desarraigamos todo de raíz en su alma, y declaro esta Palabra de que solo el amor, el gozo, la benignidad, todo lo puro, todo lo bueno, todo don perfecto está sobre él. En el nombre de Jesús, amén.

Pecado

"Y el mismo Dios de paz os santifique por completo; y todo vuestro ser, espíritu, alma y cuerpo, sea guardado irreprensible para la venida de nuestro Señor Jesucristo" (1 Tesalonicenses 5:23).

Todo pecado en nosotros es echado fuera. Cancelo el pecado de _____ (diga en palabras el pecado), decido no pecar más y declaro esta Palabra sobre mi vida y la de mi esposo.

Temor

"En el amor no hay temor, sino que el perfecto amor echa fuera el temor; porque el temor lleva en sí castigo. De donde el que teme, no ha sido perfeccionado en el amor" (1 Juan 4:18).

"Porque no nos ha dado Dios espíritu de cobardía, sino de poder, de amor y de dominio propio" (2 Timoteo 1:7).

Padre, quebranto todo temor, lo extirpo de raíz en cada uno de nosotros y declaro que desde hoy tenemos dominio propio. Somos perfeccionados en el amor de Cristo Jesús, el cual echa fuera de nosotros todo temor. En el nombre de Jesús, amén.

Falta de entendimiento

"Da, pues, a tu siervo corazón entendido para juzgar a tu pueblo, y para discernir entre lo bueno y lo malo" (1 Reyes 3:9).

Padre Dios todopoderoso, yo cancelo la falta de entendimiento en nosotros, en tu Palabra, en lo justo, en lo recto y en la verdad. Declaro sobre nosotros un corazón entendido en todo tiempo, entre lo bueno y lo malo, y en lo que te agrada y desagrada.

Debilidad

"Y me ha dicho: Bástate mi gracia; porque mi poder se perfecciona en la debilidad" (2 Corintios 12:9-10).

Hoy cancelo la debilidad en mí.

Si tu mente está débil ante la pornografía o ante cualquier

cosa, ahora mismo cancélalo en tu vida. Declara que en Cristo tú eres fuerte porque Él te da la fortaleza en medio de esa debilidad. Declara: Jesús, hoy me declaro fuerte en ti y en tu poder. Amén.

Separación, divorcio, división

"Así que no son ya más dos, sino una sola carne; por tanto, lo que Dios juntó, no lo separe el hombre" (Mateo 19:6).

"Por tanto, lo que Dios juntó, no lo separe el hombre" (Marcos 10:9).

"Pero a los que están unidos en matrimonio, mando, no yo, sino el Señor: Que la mujer no se separe del marido; y si se separa, quédese sin casar, o reconcíliese con su marido; y que el marido no abandone a su mujer" (1 Corintios 7:10-11).

"Por lo demás, hermanos, tened gozo, perfeccionaos, consolaos, sed de un mismo sentir, y vivid en paz; y el Dios de paz y de amor estará con vosotros" (2 Corintios 13:11).

"...solícitos en guardar la unidad del Espíritu en el vínculo de la paz" (Efesios 4:3).

Padre, en el nombre de Jesús y por el poder de esta tu Palabra que es viva y que ahora lleva a cabo en nosotros lo establecido por Dios, lo que tú unes jamás lo separará ni mujer, ni hombre ni principados ni potestades. Nada podrá separar lo que tú uniste. Declaro en mi matrimonio unidad, declaro que somos una sola carne en el nombre de Jesús, amén y amén. Declaro que todo divorcio se hace polvo y cenizas, declaro que el divorcio no toca mi casa, declaro el soplo de vida. Declaro que tú, Señor, tomas el control de mi matrimonio y de nuestras vidas, y establezco tu orden. Amén.

Tinieblas

"Lámpara es a mis pies tu palabra, Y lumbrera a mi camino" (Salmo 119:105).

Señor, disipa las tinieblas en nosotros y todo lo obscuro. Haz que ahora mismo la luz de Cristo ilumine toda obscuridad, toda tiniebla en nuestros corazones y en nuestra mente. Declaro ahora que tu Palabra es luz dentro de nosotros y echo fuera las tinieblas.

Maldad

"Habiendo purificado vuestras almas por la obediencia a la verdad, mediante el Espíritu, para el amor fraternal no fingido, amaos unos a otros entrañablemente, de corazón puro" (1 Pedro 1:22).

"Bienaventurados los de limpio corazón, porque ellos verán a Dios" (Mateo 5:8).

Señor, quita la maldad en nosotros ahora, purifica nuestras almas en obediencia a la verdad; que seamos puros, limpios, llenos de tu Palabra y de tu amor, y que en nosotros haya benignidad y bondad en el nombre de Jesús.

Odio

"El odio despierta rencillas; Pero el amor cubrirá todas las faltas" (Proverbios 10:12).

"Y sobre todas estas cosas vestíos de amor, que es el vínculo perfecto" (Colosenses 3:14).

"Y ahora permanecen la fe, la esperanza y el amor, estos tres; pero el mayor de ellos es el amor" (1 Corintios 13:13).

Padre, hoy me decido a dejar de odiar a (nombre de la otra persona)_____. Quita de mí este sentimiento que no es tuyo. Declaro y profetizo sobre mí esta Palabra de amor que nace y permanece en mí hacia esta persona: el amor de Cristo, un amor verdadero. En el nombre de Jesús, amén.

Ceguera espiritual

"Y oró Eliseo, y dijo: Te ruego, oh Jehová, que abras sus ojos para que vea. Entonces Jehová abrió los ojos del criado, y miró" (2 Reyes 6:17).

Padre, quita de nosotros toda ceguera espiritual. Abre nuestros ojos espirituales. Ahora quiero ver la verdad; ya no quiero más ser ciego. ¡Quiero ver! Quiero la vista espiritual ahora. Declaro visión de águila y que desde hoy se cae toda venda espiritual que no me permitía ver. Ahora veo por la sangre de Cristo.

Ropas viles

"Y habló el ángel, y mandó a los que estaban delante de él, diciendo: Quitadle esas vestiduras viles. Y a él le dijo: Mira que he quitado de ti tu pecado, y te he hecho vestir de ropas de gala" (Zacarías 3:4).

"Vestíos, pues, como escogidos de Dios, santos y amados, de entrañable misericordia, de benignidad, de humildad, de mansedumbre, de paciencia" (Colosenses 3:12).

"En gran manera me gozaré en Jehová, mi alma se alegrará en mi Dios; porque me vistió con vestiduras de salvación, me rodeó de manto de justicia, como a novio me atavió, y como a novia adornada con sus joyas" (Isaías 61:10).

Padre, quita de nosotros las ropas viles y vístenos, como escogidos tuyos, de misericordia, benignidad, humildad, mansedumbre, justicia y verdad. Revístenos con tu armadura, revístenos de vestiduras blancas. En el nombre de Jesús, amén.

Incredulidad

"Auméntanos la fe" (Lucas 17:15).

"Así que la fe es por el oír, y el oír, por la palabra de Dios" (Romanos 10:17).

Padre, quita toda incredulidad de nuestra mente y corazón. Declaro que nuestra fe aumenta y crece cada día al escuchar tu Palabra. Hoy aumenta mi fe.

Malos pensamientos

"...derribando argumentos y toda altivez que se levanta contra el conocimiento de Dios, y llevando cautivo todo pensamiento a la obediencia a Cristo" (2 Corintios 10:5).

Hoy llevo cautivo todo pensamiento mío y de mi esposo a la obediencia a Cristo. Declaro que él piensa solo lo que te agrada y que mis pensamientos son en tu orden. Señor, ato mi mente a tu mente y ato la mente de mi esposo a tu mente. En el nombre de Jesús, amén.

❖❖❖

Así profeticé sobre una a una de las situaciones, guiada por el Espíritu Santo. Pasé horas de horas pidiéndole al Espíritu que me mostrara cada área de nuestra vida y matrimonio.

> *"Y pondré tendones sobre vosotros, y haré subir sobre vosotros carne, y os cubriré de piel, y pondré en vosotros espíritu, y viviréis; y sabréis que yo soy Jehová. Profeticé, pues, como me fue mandado; y hubo un ruido mientras yo profetizaba, y he aquí un temblor; y los huesos se juntaron cada hueso con su hueso"* (Ezequiel 37: 6-7).

Comencé a cancelar y a profetizar cada día sin parar. Podía entender en mi espíritu que aunque yo no estaba viendo con mis ojos algo que me dijera que Dios estaba obrando, la Palabra decía que Dios se estaba moviendo, arrancando a través de su Palabra y dando vida. Sabía que en el Espíritu comenzaba a unirse todo como dice la Palabra: "Haré subir la carne y cubriré la piel". Eso mismo estaba sucediendo en el mundo espiritual. Él solo quería que siguiera profetizando y Él haría su trabajo. Dice la Palabra que hubo un ruido en los cielos y un temblor. ¿Sabes qué? Mientras tú profetizas, hay guerra en los cielos. Se estremece el mundo espiritual, porque le estamos cortando la cabeza al diablo; le estamos arrebatando algo que él creía que tenía seguro. Estás en una batalla donde Satanás será el único vencido.

Los huesos se juntaron cada hueso con su hueso, y ¿qué eres tú de tu esposo? ¡Hueso de su hueso! Dios está reconstruyendo, está dando la forma original a su creación, colocando cada cosa en su lugar. No te desesperes, Dios lo está haciendo.

> *"Y miré, y he aquí tendones sobre ellos, y la carne subió, y la piel cubrió por encima de ellos; pero no había en ellos espíritu. Y me dijo: Profetiza al espíritu, profetiza, hijo de hombre, y di al espíritu: Así ha dicho Jehová el Señor: Espíritu, ven de los cuatro vientos, y sopla sobre estos muertos, y vivirán"* (Ezequiel 37: 8-9).

Entendí que no podía dejar de profetizar en ningún momento. Tenía que declarar todos los días que Dios puso tendones. Un tendón es un cordón resistente de tejido conjuntivo que une los músculos a los huesos o a otros músculos. Dios no solo dará vida, sino pondrá un cordón resistente para que nada, ni aún el mismo diablo, pueda romperlo. Ese cordón se llama Jesucristo. Vemos que también le puso piel para cubrirlos. La sangre de Cristo nos protege de todo mal. Dios me dijo: "Sigue profetizando, pero ahora dile al Espíritu que venga de los cuatro vientos y sople sobre los huesos secos, sobre todo lo muerto, y vivirá". El Espíritu Santo es quien da vida, nos guía, nos guarda, nos dirige, nos redarguye y nos muestra el corazón del Padre. Sin Él somos nada; por eso siempre tenemos que actuar juntamente con Él, porque sin Él nada podemos hacer.

> *"Y profeticé como me había mandado, y entró espíritu en ellos, y vivieron, y estuvieron sobre sus pies; un ejército grande en extremo. Me dijo luego: Hijo de hombre, todos estos huesos son la casa de Israel. He aquí, ellos dicen: Nuestros huesos se secaron, y pereció nuestra esperanza, y somos del todo destruidos. Por tanto, profetiza, y diles: Así ha dicho Jehová el Señor: He aquí yo abro vuestros sepulcros, pueblo mío, y os haré subir de vuestras sepulturas, y os traeré a la tierra de Israel. Y sabréis que yo soy Jehová, cuando abra vuestros sepulcros, y os saque de vuestras sepulturas, pueblo mío. Y pondré mi Espíritu en vosotros, y viviréis, y os haré reposar sobre vuestra tierra; y sabréis que yo Jehová hablé, y lo hice, dice Jehová"* (Ezequiel 37:10-14).

¡Esa Palabra es poderosa! Cuando profetizas, comienza a entrar vida en tu matrimonio. Acabas de leer que los huesos se pusieron sobre sus pies. Quiere decir que estuvieron, no solo secos, sino también sin movimiento, sin acción, sin fuerza, pero Dios los levantará. Dios no sólo une matrimonios, sino ministerios para su gloria. Dice que cuando los huesos se pusieron de pie fueron un ejército santo y grande en extremo. Dios usará los matrimonios para su Reino, para meterse en la brecha por otros. No te puedes quedar callado; pelea por otros matrimonios.

Dios te hará subir de tu sepultura y te llevará a gozar de las bendiciones de su Reino para que sepas que Él es Jehová poderoso, grande en misericordia, cumple su Palabra, que lo que Él habla en su Palabra se cumple y que en su Palabra hay vida. Jehová es un Dios todopoderoso y si haces las cosas correctamente y de acuerdo a su Palabra, Él te escuchará desde el lugar de su morada, pondrá su oído a tu oración y actuará de acuerdo a tu fe.

Dios te llamó a conquistar, a arrebatar, a quitar lo que te estorba, desalojarlo de tu casa, de tus hijos y a plantar en Cristo Jesús. Observa bien la profundidad de lo que significan esas palabras de lo que Dios te llamó a hacer:

> *"Luego extendió el Señor la mano y, tocándome la boca, me dijo: He puesto en tu boca mis palabras. Mira, hoy te doy autoridad sobre naciones y reinos, para arrancar y derribar, para destruir y demoler, para construir y plantar"* (Jeremías 1:9-10 NVI).

Mujer de Dios, cuando la Palabra te dice:

1. *Arrancar* significa derribar, desarraigar, perecer, quitar por completo (según Concordancia Strong #5428).

2. *Destruir* significa asolar, destruir (Strong #7703).

3. *Arruinar* significa destruir, desaparecer, deshacer, desvanecer, exterminar, hacer perecer, morir (Strong #6).

4. *Derribar* significa tirar hacia abajo, arruinar, asolar, desmoronar, desbaratar, rendir (Strong #2040).

5. *Edificar* significa poner cimientos, construir, edificar, fortificar, reedificar, restablecer (Strong #1129).

6. *Plantar* significa afirmar, hincar, labrar, sembrar (Strong #5193).

¡Cuidado con abrir la puerta!

> *"Al tercer día David y sus hombres llegaron a Siclag, pero se encontraron con que los amalecitas habían invadido la región del Néguev y con que, luego de atacar e incendiar a Siclag, habían tomado cautivos a las mujeres y a todos los que estaban allí, desde el más grande hasta el más pequeño. Sin embargo, no habían matado a nadie. Cuando David y sus hombres llegaron, encontraron que la ciudad había sido quemada, y que sus esposas, hijos e hijas habían sido llevados cautivos. David y los que estaban con él se pusieron a llorar y a gritar hasta quedarse sin fuerzas"* (1 Samuel 30:1-4 NVI).

Cuando David venía a Siclag, los amalecitas habían invadido a Siclag y la habían asolado, prendiendo fuego. Me imagino que estaban incendiadas muchas cosas y otras estaban ya en cenizas. Se habían llevado a las mujeres y a los niños. Dice la Escritura que David, al ver tal cosa, se angustió mucho. "Mas David se fortaleció en Jehová su Dios" (v. 6).

Cuando leí esto, era como mi historia. Mi esposo había dejado la casa, había abandonado su hogar, descuidado su territorio, y con eso abrió las puertas para que el enemigo entrara y sitiara mi hogar. Amiga, tienes que saber que cada cosa que hagas, cada palabra que digas, cada acción que tomes, abrirá puertas para bendición o para maldición, para bien o para mal. Esto viene poco a poco.

Te explico, varón. Le dijiste una mentira a tu esposa. Entró la mentira a tu casa. ¿Quién abrió la puerta? El que dijo la mentira. Le fuiste infiel a tu esposa, entró el espíritu de adulterio. ¿Quién le abrió la puerta? Le pegaste a tu esposa, abriste otra puerta al maltrato. ¿Te pasas gritando e insultando? Y así sucesivamente, poco a poco comienzas a incendiar tu hogar. Cuando vienes a ver, hay un gran incendio.

¡Qué pena que las parejas esperan a que todo esté en llamas, desolado, muerta la comunicación entre ambos, distanciados al máximo, cuando ya no hay detalles ni palabras bonitas, para ver el estrago! Dejar tu hogar sin atender causa ruinas. Cuando vi lo que el enemigo había hecho, que yo estaba cautiva en la depresión y la baja autoestima, y mis hijos vivían en un ciclo de una familia disfuncional, los habíamos maltratado sin darnos cuenta y los habíamos llevado a una inestabilidad emocional, solo me fortalecí en Jehová mi Dios.

Creo que David, al ver el territorio de esa forma, tenía deshecho su corazón. Desde lejos podía ver el humo que había en su tierra. Me imagino que corrió tan rápido como pudo para hacer algo para detener el fuego. Me imagino que se preguntó: ¿Quién fue? ¿Por qué? ¿Dónde está mi esposa? ¿Dónde están mis hijos? He perdido las personas que más amo. ¡Todo está en ruinas! Me imagino que se sintió derrotado, sin fuerzas, indefenso ante tal escenario.

Ese es el cuadro de muchos; así fue el mío. Pero David sabía quién guiaba sus pasos, su vida. Él lo amaba y confiaba plenamente en Él.

> *"Entonces le dijo al sacerdote Abiatar hijo de Aji-mélec:—Tráeme el efod. Tan pronto como Abiatar se lo trajo David consultó al Señor: —¿Debo perseguir a esa banda? ¿Los voy a alcanzar? —Persíguelos —le respondió el Señor—. Vas a alcanzarlos, y rescatarás a los cautivos"* (1 Samuel 30:7-8 NVI).

Es impresionante cómo David buscó el rostro de Dios y cómo Dios le contestó. "Síguelos, porque ciertamente los alcanzarás, y de cierto librarás a los cautivos" (RV60). ¡Poderoso!

Hoy el Señor te dice: "Hija, sigue orando, sigue ayunando, sigue declarando y guerreando por que los alcanzarás y librarás tu matrimonio de toda cautividad". ¿Que cuando vayas a la conquista vas a llorar? Sí. ¿Que vas a ver cosas que no te gustan? También, pero no te desalientes; Dios está contigo. El versículo 18 dice que David lo recuperó todo, todo, amiga. Dios te lo devolverá todo. Solo camina y confía.

Todos en nuestras vidas queremos tener victorias en nuestro matrimonio. Cuando tratamos de obedecer a Dios, muchas veces enfrentamos persecución: en la casa, en el trabajo, con tu jefe, con tu vecino, con los de la iglesia y muchas veces hasta tu mismo esposo. Dímelo a mí, que mientras más oraba, peor se comportaba mi esposo. Mientras más ayunaba, él me decía: "Tú y yo no podemos estar juntos".

Todo lo que pase tómalo como la antesala de algo mayor. ¡Viene algo mucho, mucho mejor y más grande!

> "Y sabemos que a los que aman a Dios, todas las cosas les ayudan a bien, esto es, a los que conforme a su propósito son llamados" (Romanos 8:28).

Mientras más profundo estás en tu guerra, el enemigo va a buscar por dónde atacarte. Te puedes sentir humillada, herida, derrotada por cada cosa que tu esposo te diga, o puedes verlo con la otra mujer con tus propios ojos. Pero siempre recuerda: si decides meterte en la brecha, esto es hasta el final. No puedes dar marcha atrás; tu principal opositor se llama Satanás. Él hará todo lo posible para que tú dudes y para que tus fuerzas se debiliten. Te hará ver cosas que jamás pensaste, mas tu mirada está puesta en quien sabes que te dará la victoria. Tendrás que confiar en Dios y morir a ti misma. No pelees, no contestes, no grites, no llores delante de él, no salgas corriendo. Mantente tranquila.

> "Ninguna arma forjada contra ti prosperará, y condenarás toda lengua que se levante contra ti en juicio. Esta es la herencia de los siervos de Jehová, y su salvación de mí vendrá, dijo Jehová" (Isaías 54:17).

Mantente firme mirando al omnipotente. Si haces esto, Satanás estará explotando como dinamita. ¡Gózate!

CUARTA ARMA: UNGE MIENTRAS PROFETIZAS

Te digo que la fe mueve montañas y yo hacía lo que sentía. Le dije al Señor: "Yo voy a ungir todo lo de él, porque lo separo para ti. En el mundo espiritual, mi esposo te pertenece, y como él y yo somos uno, sé que tú actuarás de acuerdo a mi fe".

Cuando se trataba de guerra allí estaba yo con aceites para ungir. Entraba al cuarto y le ungía su almohada, diciendo: "Señor, así como él recuesta su cabeza aquí, así está él recostado en ti.

Toma sus pensamientos y átalos a los tuyos, como dice tu Palabra: unge su cabeza con aceite". Ungía sus zapatos y decía: "Donde quiera que él pise es para llevar tu Palabra. Hermosos son los pies de los que buscan la paz, los que predican tu Palabra. Él predicará tu Palabra, unge sus pies". Ungía sus ropas y decía: "Padre, sus vestiduras son sacerdotales. Él es un sacerdote tuyo, unge sus vestiduras". Un día, me puse aceite para ungir en la boca y lo besé. Rey me dijo: "Ay, mama, ¿qué comiste que sabe malo?". Le contesté: "Ay, algo con aceite". Pero mientras lo besaba, declaraba: "Úngelo de la cabeza a los pies, unge su hablar. Así como va bajando el aceite, así tú lo vas separando para ti. Él es tuyo". Ungía su ropa interior y afirmaba: "Declaro que su libido se detiene y no puede fornicar con ninguna mujer. ¡No funciona!"

Tendrás que confiar en Dios y morir a ti misma.

Dios pone sueños en ti. Un día soñé que estaba haciendo productos con aceites para ungir. Se lo dije a la pastora Angélica y ella me dijo: "Hija, harás esos aceites". Le contesté: "Yo no puedo hacer algo tan sagrado". Eso fue hace seis años y hace dos años que tenemos nuestra propia línea de aceites para ungir. Para más información, vaya al final del libro.

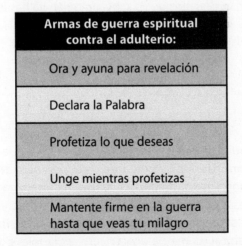

Armas de guerra espiritual contra el adulterio:
Ora y ayuna para revelación
Declara la Palabra
Profetiza lo que deseas
Unge mientras profetizas
Mantente firme en la guerra hasta que veas tu milagro

Capítulo 17:

AFÉRRATE A TU MILAGRO, ¡ES PROMESA DE DIOS!

SATANÁS SIEMPRE BUSCARÁ la forma de que tú mengues.

En una ocasión, cuando mi esposo y yo estuvimos separados tres años, yo estaba en un ayuno. Lo invité a comer para hablar cosas de los nenes y que de una vez me diera un dinero. Yo iba orando por el camino, para que el orden de Dios se manifestara y tuviera control, porque siempre terminábamos discutiendo. Recuerdo que comimos y la pasamos bien; Dios estuvo ahí. Cuando terminamos, él me acompañó al carro. Lo miré y con toda la autoridad le dije: "Cómetela hasta que te salga por la nariz (me refería a Penina), gózatela todo lo que quieras, pero yo sé que la Palabra de Dios se cumplirá, tú vas a volver conmigo, vamos a ser ministros y vamos a ir a las naciones". Él comenzó a burlarse, pero yo declaré esto cuando él estaba con ella, porque yo sabía en quién yo había creído.

Cuando hice esa declaración, yo estudiaba en Mizpa y mis hijos me llamaban para contarme que ella estaba en casa de mi suegra y que Rey y ella estaban juntos (el enemigo lanzando sus flechas). Yo me iba a la biblioteca a orar y le decía a Dios: "Tú tienes el control; yo hice pacto contigo". ¿Que lloraba? Sí. ¿Que no sabía qué iba a pasar? También. Pero algo sí sabía: que todo iba a obrar para bien. Las promesas de Dios son inquebrantables.

Proverbios 3:5 dice: *"Fíate de Jehová de todo tu corazón, y no te apoyes en tu propia prudencia"*. El enemigo sabía mis debilidades y cómo atacarme, al nivel que a veces estaba días postrada llorando y mi mente corriendo. Una vez, mi pastora me vio porque yo me pasaba orando en la iglesia y me dijo: "Nunca llores para que el diablo se ría, llórale a Dios para que se glorifique. Tus lágrimas son el abono en el terreno para que nazca tu bendición. Dice el Salmo 126 que los que sembraron con lágrimas, con regocijo segarán".

Hay momentos cuando el enemigo te susurra: "Aunque ores, no pasará nada. Estás sola, no tienes a nadie. ¿Dónde está tu Dios que no te contesta? ¿Dónde está ese Dios a quien tanto clamas y no ves nada? ¿Cuánto tiempo llevas en esto? ¡Ya es tiempo de que te rindas!". Yo le contestaba con autoridad: "El Salmo 61 dice que cuando mi corazón desmayase, Él será mi roca, mi alto refugio, y yo estoy segura en Él. Jehová y yo somos mayoría y te recuerdo, diablo, que ya tú estás vencido". Y lo decía al enemigo en voz alta para que mi decreto llegara hasta el cielo.

Una vez mi esposo me dijo que no volvía conmigo, porque yo lo atrasaba a él como persona. Eso sí es algo fuerte. ¡Cuánto me dolió! Rey sabía cómo herirme con palabras. Y el enemigo sabía muy bien cómo usarlo. Mas cuando busqué la Palabra, Dios me dio estas escrituras:

> "Ciertamente consolará Jehová a Sion; consolará todas sus soledades, y cambiará su desierto en paraíso, y su soledad en huerto de Jehová; se hallará en ella alegría y gozo, alabanza y voces de canto" (Isaías 51:3).

> "Oídme, los que conocéis justicia, pueblo en cuyo corazón está mi ley. No temáis afrenta de hombre, ni desmayéis por sus ultrajes" (Isaías 51:7).

> "¿No sabéis que los que corren en el estadio, todos a la verdad corren, pero uno solo se lleva el premio? Corred de tal manera que lo obtengáis" (1 Corintios 9:24).

Estamos en la batalla. Si el enemigo te ataca, busca Palabra de Dios, pero nunca dejes de luchar. Por eso, antes de comenzar a decretar sobre tu matrimonio, tienes que saber quién eres en Cristo para que nada pueda moverte. Cuando entramos en batalla tenemos que perseverar hasta que obtengamos lo que Dios nos ha prometido. Recuerda que cuando tú te pongas tu vestidura de guerra, Satanás ya estará preparado para lanzarte la primera bomba. Entonces tu actitud no puede ser "hoy voy con todo", y después de una semana decir "¡ay, no, no puedo!". La Palabra dice que tu sí sea sí y tu no, no; que no podemos ser de doble ánimo porque esa actitud es como la ola del mar. Tienes que entender que cuando comiences es hasta el final, no importa cuánto tiempo se tarde la manifestación de tu promesa. Tú no decides eso; lo decide Dios. Tu deber es permanecer firme esperando la promesa, y estar segura, más que segura, de que el enemigo ya está derrotado y tendrá que devolverte lo que te quitó a la fuerza.

¡Embarázate de tu milagro hasta que des a luz!

Hay unas llaves en nosotros que activan el poder de Dios. Una de ellas es la fe. Con ella mueves montañas. La fe te lleva a ver las cosas como las ve Dios. La fe te lleva a moverte en un nivel que jamás has esperado. Tu intelecto te lleva a pensar si es posible o no, pero tu fe te mueve en el espíritu, a la conquista y a obtener lo que pediste. Una cosa es que seas positiva y otra cosa es que tu fe quebrante murallas. Con tu fe cortas cabezas a gigantes. ¡Con tu fe y solo con tu fe!

Tu deber es mirar con fe los cielos y verlos abiertos para ti y a tu favor, en todo tiempo. Tienes que ver que el río de Dios que sale desde el trono está inundándote de poder, de unción y de gracia para conquistar. Recuerda que hay unos pactos en los cielos y son inquebrantables. Dios actuará a tu favor, porque Él es un Dios de pactos.

Tu esposo hizo un pacto delante de Dios y ese pacto también es inquebrantable. Te mostraré Números 30:1-2 (Biblia Peshitta): *"Esto es lo que Yahweh ha ordenado: Cuando algún hombre haga a Yahweh un voto y juramento y asuma alguna obligación, no faltará a su palabra; hará de acuerdo a todo lo que se comprometa"*. ¡Hay pacto en los cielos! Dios peleará a favor tuyo. Esa es tremenda noticia. Aunque viva con otra, aunque ella esté embarazada, pase lo que pase, hay unos pactos inquebrantables. Las personas me dicen que la Palabra declara que si lo ves en adulterio puedes darle carta de divorcio. Sí, es cierto, si no quieres luchar por lo que te pertenece. Entonces, este libro no es para ti.

Pero si en tu interior amas a tu esposo y estás dispuesta a luchar, te digo que tendrás la victoria porque el Señor también dijo cuando le hicieron la pregunta, ¿cuántas veces debemos perdonar? *"Mirad por vosotros mismos. Si tu hermano pecare contra ti, repréndele; y si se arrepintiere, perdónale. Y si siete veces al día pecare contra ti, y siete veces al día volviere a ti, diciendo: Me arrepiento; perdónale"* (Lucas 17:3-4).

La Palabra dice más adelante: *"Entonces el Señor dijo: Si tuvierais fe como un grano de mostaza, podríais decir a este sicómoro: Desarráigate, y plántate en el mar; y os obedecería"* (17:6). Poderoso es el decreto entrelazado con la fe, lo cual tiene su efecto en lo sobrenatural. Dios te hará justicia si decides creer, si decides orar sin cesar. La Palabra dice: *"Y acaso Dios no hará justicia a sus escogidos que claman a mí de día y de noche? ¿Se tardará en responderle? Os digo que pronto les hará justicia"* (Lucas 18:7-8). Eso me lleva a mí a seguir esas palabras. Me aseguran que Dios me escucha y me hará justicia. ¡Dios te hará justicia, amada! Y si crees que necesitas más fe, pídele a Dios como dice la Escritura: "Auméntame la fe".

El Señor te dice: *"Mas el justo por la fe vivirá"* (Hab. 2:4). Es por la fe que Abraham obtuvo su promesa, como está escrito en Romanos 4:13-22. Él creyó en esperanza contra esperanza. Declaro esta Palabra sobre ti. Recuerdo que en el momento que decidí creer, la fe para mí fue inquebrantable, mi espíritu iba en conquista y nada me iba a hacer ir hacia atrás.

> *Padre en el nombre de Jesús, te presento a esta persona que está leyendo este libro, para que tú le des una mayor medida de fe. Declaro que su fe se fortalece cada día más, porque su fe se reafirma en tu Palabra. Declaro que el amado Espíritu Santo la ayuda a pedir como conviene. Declaro sobre ella Lucas 2:52; que ella es como el Monte de Sión que no se mueve, sino que permanece para siempre; que está parada sobre la roca en el nombre de Jesús. Atamos toda agenda del enemigo en su vida y declaramos cielos abiertos, declaramos que hay ángeles guerreros alrededor de ella, cubriéndola de todo mal. En el nombre de Jesús, amén.*

¡Eres una mujer de guerra, con mente de conquista! Entra en tu espíritu esta Palabra y llénate de ella.

"Mas Jehová tu Dios las entregará delante de ti, y él las quebrantará con grande destrozo, hasta que sean destruidas. El entregará sus reyes en tu mano, y tú destruirás el nombre de ellos de debajo del cielo; nadie te hará frente hasta que los destruyas" (Deuteronomio 7:23-24).

"Yo seré para ella, dice Jehová, muro de fuego en derredor, y para gloria estaré en medio de ella" (Zacarías 2:5).

"Jehová peleará por vosotros, y vosotros estaréis tranquilos" (Éxodo 14:14).

"Por medio de ti sacudiremos a nuestros enemigos; En tu nombre hollaremos a nuestros adversarios" (Salmo 44:5).

"El ángel de Jehová acampa alrededor de los que le temen, y los defiende" (Salmo 34:7).

Dios está contigo. Él te entregará a tus enemigos en tu mano. Cuando declares, di el nombre de ella (la otra mujer) si lo sabes, porque solo estás sosteniéndote en la Palabra. Él es muro de fuego alrededor de ti. Jehová peleará por ti, sacudirá a tu enemiga y te dará autoridad sobre todo espíritu que está destruyendo tu hogar. Quiero que tengas fe y que tomes esta Palabra antes de entrar en guerra. Declara: "Yo tengo mente de conquista. Jehová está conmigo y Él pelea por mí. Dios está conmigo y Él restaurará los muros caídos en mi matrimonio".

Quiero que sepas algo muy importante. Dios está contigo, porque te ama. Su favor y su gracia es lo que te llevará a obtener lo que por tus fuerzas no puedes. La gracia de Dios es algo maravilloso; por ella obtenemos la salvación, que es un regalo inmerecido. A lo mejor tú no te mereces que Dios restaure tu matrimonio, pero por su gracia Él lo hará. La gracia nos da habilidades para ir más allá de lo que podemos imaginar. Pero esta gracia solo está sobre personas que están comprometidas, caminan rectamente en los caminos de Dios, se someten a la Palabra y aman la verdad. La Palabra es verdad.

Yo todos los días le pido perdón a Dios. Todos pecamos y hasta que Cristo venga, estamos siendo probados y siempre estamos expuestos. Por eso todos los días le digo: "Señor, sabes que siempre quiero caminar en el orden tuyo y siempre trato de obedecer tu Palabra, pero si te he faltado en algo, un pensamiento, algo que dije, te pido que me perdones. No quiero tener ningún obstáculo que impida tu gloria en mi casa, en mis hijos, en mi esposo y en mí. Me humillo ante ti; siempre estaré humillada en tu presencia. Gracias por tu amor y tu perdón".

¿Estás tú caminando rectamente delante de Dios?

Hoy es un buen día para ir delante de Dios, pedirle perdón si le has fallado, si no has caminado rectamente delante de Él, pues con puertas abiertas de pecado no podemos conquistar. Tenemos que cerrarle toda puerta al enemigo. Tenemos que ser transparentes delante de Dios. No le ocultes nada. Confiésale cualquier pecado y pide perdón. Dios te perdonará. Confiésale a Dios si le has sido infiel a tu esposo, si has mentido, si has visto películas pornográficas, todo lo impuro, todo lo que tú sabes que está mal. Hoy Dios quiere perdonarte, que seas llena del Espíritu Santo y que su favor y su gracia te inunden. Te presento una oración para que la sigas, pero puedes hacerla en tus propias palabras.

> *Padre Dios todopoderoso, mi amado salvador, el que con su sangre poderosa me limpia, me restaura, me purifica y me santifica, te pido perdón por este pecado_____ Te pido que me perdones, me arrepiento con todo mi corazón y me perdono a mí misma. Gracias, Padre, porque sé que me has perdonado y soy libre de toda condenación en el nombre de Jesús, amén. Toda puerta abierta se cierra, y declaro tu favor y tu gracia sobre mi casa y sobre mí, amén.*

En los diferentes ayunos, Dios me daba Palabra para que yo supiera lo que estaba pasando en el mundo espiritual, cómo el enemigo tenía preso a mi esposo, cómo tenía que orar y cómo tenía que declarar para arrebatar a mi esposo de lo que era el espíritu de adulterio y fornicación. Sobre todo, Dios me llevó a cómo debía orar para que mi esposo ya no fuera de doble ánimo en sus caminos.

El Señor siempre te da las instrucciones para que el enemigo no te pueda tocar y para que tú estés firme en Él. Por eso cuando llegamos delante del trono, no hay excusas para nuestros pecados, pues Él te sacará el libro de la vida, donde están todas las respuestas y te dice cómo llevar tu vida de una forma recta y en santidad.

Proverbios 2:1-19 es un capítulo muy importante porque nos dice lo que tenemos que hacer para que el hombre o mujer no caigan en pecado. Según los capítulos 2-4, el Señor da la sabiduría. En el *Comentario Bíblico de Moody*, hallamos sinónimos para la sabiduría, y son justicia y equidad, que son virtudes más que capacidades. El énfasis recae sobre la sabiduría moral o conducta correcta. En Strong, *Kjokma* (#2451), sabiduría es ciencia, entendimiento, inteligencia; (#2449) *kjacam*, significa hábil, sabiduría, hacer más sabio.

En palabras claras, Dios te exhorta a que tengas una conducta correcta y camines bajo la Palabra en justicia. En ella está la inteligencia, el entendimiento; ella te hace más sabio. No camines en tu propia prudencia, es decir, no te creas el llanero solitario. Tu vida tiene que estar entrelazada con Cristo.

Dice que si buscas la sabiduría y la inteligencia, entonces comprenderás el temor de Dios y hallarás el conocimiento. Él ayuda a la gente íntegra, cuida el sendero del hombre justo y protege su camino. La sabiduría vendrá a tu corazón y el conocimiento te endulzará la vida. Proverbios 4:5-9 dice: *"Adquiere sabiduría, adquiere inteligencia; no olvides mis palabras ni te apartes de ellas. No abandones nunca a la sabiduría, y ella te protegerá; ámala, y ella te cuidará. La sabiduría es lo primero. ¡Adquiere sabiduría! Por sobre todas las cosas, adquiere discernimiento. Estima a la sabiduría, y ella te exaltará; abrázala, y ella te honrará; te pondrá en la cabeza una hermosa diadema; te obsequiará una bella corona"*. Hermosa la fidelidad de Dios a los que siguen sus palabras.

Cómo orar por tu esposo

Tenemos que orar por nuestros esposos, pidiendo protección para que ninguna persona que esté en camino de maldad pueda llegar a él. Mujeres, cuando oren por sus esposos, no hagan oraciones superficiales. Hay que orar con propiedad, entendiendo por qué oramos. Por ejemplo: "Señor, protege a mi esposo de la mujer malvada que quiera venir a perturbar mi matrimonio, que pretenda apartar a mi esposo de tus caminos, y que intente perturbarlo o inquietarlo para que él cometa maldad. Señor, que nada pueda traer miseria, ni muerte, ni tristeza, ni obscuridad a mi esposo. Declaro que él camina en abundancia, en alegría en ti" (tomado de Prov. 2:16-19).

Tienes que cubrir a tu esposo. Puede venir cualquier mujercita, llevarlo a hacer lo malo y traer sobre ti adversidad, aflicción, castigo, algo doloroso en tu matrimonio, despedazar tu casa, dañar y devastar. Pero hoy tú puedes declarar: "Padre, cubro a mi esposo de cualquiera que quiera venir a hacer lo malo, a dañar mi matrimonio, a traer castigo o aflicción. Declaro la sangre de Cristo sobre él, que él camina por veredas de verdad, no se separa de ti ni a diestra ni a siniestra y todo lo que está a su lado es bueno, puro y de buen nombre. Nada podrá dañar ni destruir mi matrimonio ni mi esposo, ni mi familia ni mis hijos".

Podemos ver de todo lo que nos libra la sabiduría y la Palabra. Mi esposo, cuando me pidió perdón, comenzó a asistir a la iglesia. Iba una vez en semana, trataba de hacer las cosas bien, peleaba con su vieja criatura, y yo podía verlo. En el caminar con Dios entendí que no basta con tratar; es sometimiento total. Si no te sometes a la Palabra por completo, serás presa fácil. El enemigo sabe si tú estás sometido completamente o simplemente eres blanco para su ataque. ¿Y cuál es su arma mortal con los hombres? ¡Las mujeres!

Por eso la palabra es clara en Santiago 4:7-8: "*Someteos pues a Dios; resistid al diablo y él huirá de vosotros. Acercaos pues a Dios, y Él se acercará a vosotros*". La única forma de estar firmes es estar sujetos a la Palabra y resistir. Cuando tú estás cerca de Dios, el enemigo jamás podrá tocarte.

Capítulo 18:

EL AMOR RESTAURADO EN DIOS

L UEGO DE ALREDEDOR de diez años de adulterio, peleas, separaciones, regresos fallidos, lágrimas, dolor, inseguridad y muchas cosas más (sin habernos divorciado nunca), Reynaldo y yo volvimos a empezar para restaurar nuestro matrimonio para siempre. No crean que fue un regreso estilo Hollywood, como el primer amor impulsivo e irracional que nos tuvimos. Tampoco fue un regreso de fe ciega en Dios, ni el efecto de una varita mágica.

Yo había sido restaurada en Cristo, había terminado mis estudios de teología, me sentía segura, madura, tranquila y centrada en Dios y en su Palabra. Yo viajaba con frecuencia a Orlando, Florida, donde tengo familia, y le dije a Rey que me iba a quedar a vivir allá. Mientras tanto, Dios estaba trabajando en él.

EL FRUTO DE LA SEMILLA DE UN HOMBRE DE DIOS

Hacía un tiempo atrás, durante nuestros primeros dos años de serios problemas, el único hombre de Dios a quien Rey escuchaba era al pastor Rey Matos. Lo oía con increíble atención y frecuencia, por una estación de radio. En un momento de gran desesperación, llamé a la emisora diciendo que yo necesitaba una cita de emergencia con ese varón, porque yo era la esposa de Chino, de Grupo Manía, y ése era el único a quien mi marido escuchaba. El varón que atendió el teléfono me ministró, oró por mí y me llamó en menos de una hora para decirme que tenía una cita con el pastor Rey Matos para nosotros, en Mayagüez. El pastor no solamente nos recibió muy pronto; nos concedió cuatro horas de consejería. Él entendió a mi esposo y le habló como nadie lo había hecho. Después, el Señor le puso la carga de continuar orando por Reynaldo, y siguió llamándolo y ocupándose de ministrarle.

Tan pronto salió publicado su libro *La mujer, el sello de la creación*, autografió un libro para mi esposo y me lo regaló. Yo se lo di a Rey y él lo tomó, pero me dijo que él no iba a leer eso. Dios tenía otro plan. Dios honró a aquel varón que Él había escogido para ser pieza clave en nuestra vida cuando más lo necesitábamos. Gracias, pastor Rey, por atendernos con tan poco tiempo de aviso, decirnos las palabras correctas y luchar junto a nosotros por nuestra familia.

Cuando llegué a Puerto Rico luego de un viaje a Orlando, Rey fue a casa de mi mamá, donde yo vivía, con una carta bella. En ella me decía, entre otras cosas, que Dios estaba trabajando con él y que él pensaba que tenía que volver al principio, que Dios le había dicho que tenía que volver con la mujer de su juventud. Me escribió que estaba dispuesto a dejarlo todo por su familia y por mí, porque había entendido que lo más importante éramos su familia y yo, que me amaba y se arrepentía de haberse perdido tantos años de su familia y de sus hijos. Había leído el libro del pastor Rey Matos y, en sus palabras, el libro lo "desbarató". Ése había sido el factor crítico para el comienzo de los mejores cambios.

Después de todo lo que yo había sufrido, esa carta no me daba ninguna garantía, no me decía nada. Él me preguntó: "¿No me vas a decir nada?". Supongo que él esperaba que yo lo aceptaría enseguida y me echaría en sus brazos, pero ya no podía ser así. Yo le respondí: "Por sus frutos los conoceréis; dame frutos". Él se fue muy triste y yo lloré mucho. Pero yo no quería envolverme otra vez y entregarle mi confianza para que él volviera a hacerme lo mismo. Había sido mucho el daño, tantas oportunidades que él había echado a perder. Me costó levantarme espiritual y emocionalmente, y no iba a volver atrás.

Rey no se dio por vencido. Empezó a buscar mi amistad, como a enamorarme otra vez. Me llamaba por teléfono, trataba de buscarme la vuelta. Me llamaba y me invitaba a salir. Yo le contestaba: "¿A dónde?". Él contestaba: "Por ahí". Yo insistía: "¿Por ahí, a dónde?". Hasta que un día que me dijo: "Vamos a salir como amigos, vamos al cine". Comenzamos a ir al cine. Me echaba el brazo y yo lo miraba hasta que me quitaba el brazo.

Siguió enamorándome muy poco a poco. Me invitaba a comer, me enviaba textos, como empezando todo de nuevo.

Entonces ocurrió un milagro grande, para que vean lo que Dios hace cuando quiere unir a un matrimonio. Yo me quería mudar de casa de mi mamá con mis hijos, pero no con Rey porque aún dudaba que él cambiara de verdad. Me decía a mí misma: "Él me trata tan bien ahora, pero a lo mejor no es igual si me mudo con él". Yo acababa de salir de un ayuno de 40 días donde le había pedido a Dios una casa, y decidí salir a ver unas casas para alquilar. Pasé por una y el Señor me dijo que siguiera tres casas más adelante. Paré frente a una casa, pero esta tenía un rótulo de "Se vende". Yo le dije al Señor: "Pero es que yo quiero alquilar, esta no es". El Espíritu Santo me dijo que llamara al teléfono del rótulo. Llamé, pregunté el precio y le dije al que me contestó que yo no estaba buscando casa para comprar, sino para alquilar. Le expliqué: "Yo tengo un dinero aprobado en el banco, pero no tengo dinero para el depósito". El hombre me preguntó: "¿Cómo usted se llama?". Yo le respondí: "Norma Rivera". Él me dijo: "Yo le voy a dar el pronto de esa casa".

Como no le creí, le dije: "Voy a llamar a mi esposo para que lo llame". Llamé a Rey y, por supuesto, él me dijo que ese hombre me iba a tomar de idiota. Pero llamó al hombre, fue con él al banco y el hombre dio el pronto de $12,000 para que yo comprara la casa. Él le dijo a Rey: "Cuando hablé con tu esposa, algo tocó mi corazón". El hombre se iba para España dos días después. Rey nunca más lo volvió a ver y yo nunca lo vi. Pero hay más.

Antes de firmar, fui a ver la casa. Necesitaba pintura, los baños y la cocina estaban feos, y se lo dije al señor que representaba al dueño. Él lo llamó delante de mí y el dueño dijo que sí a todo lo que yo pedía. El hombre me decía: "Di qué más quieres que él dice que te lo va a dar todo". Yo no quise pedir más. Pintaron la casa y renovaron el baño y la cocina. Repararon todo.

Quiero comentarte, para que entiendas mejor, que en medio de todos los problemas matrimoniales anteriores a mi restauración, mi esposo y yo habíamos atravesado un desastre económico. A Rey lo despidieron de Grupo Manía y habíamos perdido una casa grande y bella, un Corvette, otro carro, la guagua Expedition Eddie Bauer, joyas, todo; lo perdimos todo. En un momento dado, habíamos tenido que acomodarnos en un cuarto en casa de mi suegra, mi hijo dormía en un colchón y andábamos en un carro que echaba humo.

Por eso, cuando nos entregaron esta casita, fue como un renacer. La casa era bien chiquitita, pero nos la había dado Dios. Cuando abrimos la puerta de la casa, Rey me abrazó y me dijo: "Dios nos está dando esta casa, porque quiere que volvamos a estar juntos. ¿Me mudo para acá contigo?". Yo le respondí: "Sí".

Un nuevo matrimonio cimentado en Dios

Como comenté anteriormente, no fue estilo Hollywood, ni como locura del primer amor. Empezamos a cultivar un amor maduro, en el Señor, a base de lo que Dios quería y no de lo que nosotros queríamos. Fue un proceso de adaptación, de convivir sin saber lo que me esperaba, con la confianza puesta en Dios y no en Rey. Nos dejábamos llevar solamente por Dios. Operamos en obediencia, y cuando hacemos lo que Dios quiere, Él se manifiesta en forma poderosa. Ya no había discusiones porque buscábamos al Señor y orábamos todos los días. El Señor fue formando el matrimonio y el ministerio matrimonial a la misma vez.

En cuanto a nuestros hijos, Rey empezó a ganarse su amor poco a poco llevándolos a la escuela y atendiéndolos. Nuestros hijos no habían estado de acuerdo en que yo regresara con su papá e hicieron todo lo posible por disuadirme.

La nuestra fue una restauración matrimonial en Cristo. Yo daba clases en la iglesia y Rey empezó a participar en la adoración. Comenzamos a tomar consejerías individuales. Nunca nos dieron consejerías juntos para no confrontarnos. Nos enseñaron a fortalecer nuestras áreas débiles de manera confidencial e individual, y pienso que eso fue fundamental en nuestra restauración. La pastora Calveti nos ungió como ministros después de estar un año sin consejería. De esto hace cuatro años, y hemos ministrado continuamente en América Latina y Puerto Rico.

El matrimonio en Dios es diferente. No es querer desde el corazón, sino ver con los ojos del Espíritu y sentir bajo el corazón de Dios. Ahora Rey me demuestra a Dios en todo tiempo y eso me hace amarlo y admirarlo más. Lo respeto porque escucho a Dios a través de él. Vive de acuerdo a la Palabra y eso me hace honrarlo. Rey ministra, adora al Señor y se comporta igual todo el tiempo; es constante. Vive adorando a Dios, canta, ministra por teléfono, todo eso me hace amarlo cada día más. Una mujer se enamora cuando ve a su esposo servir a Dios en espíritu y verdad.

Sí, a veces la carne se levanta y los pensamientos vuelven al pasado. El enemigo usa tu pensamiento para ponerte a jugar el mismo juego de antes. En una ocasión, recordé a aquella mujer. Rey me dijo lo siguiente: "Vamos a hacer un pacto. Yo nunca te voy a recordar lo pasado y tú tampoco me lo vas a recordar. Dios no recuerda nuestros pecados. ¿Por qué vamos a hacerlo nosotros?". Hicimos el pacto y lo hemos honrado hasta el día de hoy.

Tendrás que confiar en Dios y morir a ti misma.

Capítulo 19:

OBEDIENCIA TRAE BENDICIÓN

DIOS HACE COMO quiere y ¡cómo nos rompe para glorificarse! Yo sentía un rencor tremendo por Penina, y como dos años después de haber sido ungidos como ministros, ella llevó a mi esposo a la corte por pensión alimentaria. Lo peor fue que lo emplazaron terminando de ministrar en una iglesia donde Dios se había movido poderosamente. Esto sí era algo grave, porque los hermanos comenzaron a preguntar, él empezó a llorar de la vergüenza y les dijo: "Miren, yo no estoy atrasado, fue que le deposité tarde porque unos cheques eran de Estados Unidos y no habían sido cambiados". Lo más hermoso fue la maldición se tornó en bendición. Rey oró por la mujer que lo emplazó y ella le pidió perdón. Así es Dios. Esto me llevó a sentir más ira contra Penina.

Mi esposo nunca había pisado una corte y nosotros fuimos con nuestra hija Shahaelyn. Yo estaba tan molesta que quería decirle a Penina par de cosas, pero Dios es tan grande y nos protege. Aun estando parada al mismo lado de ella, Dios no dejó que la viera. Nunca la vi, la buscaba después que nos sentamos y jamás la vi. Cuando iban a llamar a Rey, le comenté: "Oye, ella no ha llegado". Él me dijo: "Sí, ella está aquí, tú estabas a su lado todo el tiempo cuando llegamos, mientras yo hablaba con el guardia". Entendí que Dios me cubrió. Dios protege a sus hijos para que no hagan nada que dañe su testimonio. En esos momentos, di gracias a Dios por cuidarme.

Al salir de aquel lugar, él me dijo: "No quiero hablar con ella jamás". Ellos hablaban a veces por texto sobre los asuntos de la hija, pero en esa ocasión, él salió bien molesto y me dijo: "De ahora en adelante vas a hablarle tú". Yo nunca había hablado con ella. Le pregunté: "¿Estás seguro?". Me dijo: "Sí". Al par de días, ella llamó a Rey, y yo le dije: "Penina, Rey ya no va a hablar más contigo. De ahora en adelante, vas a hablar conmigo". Ella se alteró y me dijo: "Pues no, él es el padre de mi hija y yo necesito hablar con él directamente". Le repetí: "Te dije que vas a hablar conmigo". Siguió diciendo cosas hasta que dijo que iba a llamar a su abogado. Le dije: "Muy bien". Ya yo había hablado con mi abogado y nadie podía obligar a mi esposo a hablar con ella. Él podía poner un intermediario para todo y ese era yo. Pero esa pequeña discusión me dejó mal. Yo tenía un coraje terrible con ella por unas cosas que mi esposo me confesó en la corte. Aun después que nosotros volvimos, ella lo había llamado para pedirle que me dejara y volviera con ella.

Una noche orando, el Espíritu Santo me dijo en mi corazón: "Llámala y pídele perdón". Enseguida dije: "¡El Señor reprenda; esto es del diablo!". Seguí orando y volvió: "Llámala y pídele perdón". Le dije: "Jamás haré algo así; ni muerta". Corrí a mi esposo y le dije: "Pa', estaba orando y el Señor quiere que llame a esa mujer y le pida perdón. Yo no voy a hacer eso jamás. No me voy a humillar, no, no y no, jamás".

Pasaron algunos días y fuimos a la Iglesia Fuente de Agua Viva del pastor Robert Gómez. Jamás se me olvidará. Rey ministró en los cánticos y el pastor predicó. Cuando terminó de predicar, dijo estas palabras: "Ay, yo no sé por qué voy a decir esto, pero aquí hay alguien que tiene que pedir perdón. Llama hoy. Dios te dice que pidas perdón". Mi esposo me miró con ojos grandes de asombro. Yo lo miré y le dije: "No. No puede ser. Dios no me va a pedir algo así". Llegué a mi casa y comencé a orar y a llorar, preguntando a Dios por qué me tenía que humillar. Ella me había causado tanto dolor, que no era justo eso que Él me estaba pidiendo, que yo no podía hacer algo así; era demasiado ya.

Al otro día, tomé el teléfono, pero antes pensé: "Ya sé. Es que Dios quiere que yo le pida perdón, porque así es que ella me va a pedir perdón a mí y Dios va a terminar la obra". La llamé y más o menos le dije: "Penina, es Norma. Nosotros somos cartas abiertas escritas con sangre y nuestro testimonio es lo que nos da autoridad. Quiero pedirte perdón si yo en algún momento te he hecho algo que te ofendió. Te pido perdón, yo quiero que nos llevemos bien por la nena, somos cristianos y debemos dar buen testimonio, y yo deseo que nosotras podamos llegar a tener una relación cordial". Ella me dijo: "Está bien, no hay problema conmigo".

Eso fue todo. Cuando escuché eso, comencé a llorar y le dije a Dios: "¿Por qué me humillé así, Padre? Ella destruyó mi hogar, me hizo sufrir más de diez años". Llorando recordé todo lo que ella me hizo. Yo nunca le hice nada a ella. Me quedé orándole a Dios y solo me veía humillándome delante de aquella mujer que siempre había tratado de destruir mi hogar. Pero de momento, le dije a Dios: "Está bien, tú ganas, tú siempre ganas, ya le pedí perdón. Ahora límpiame para que ese perdón sea verdadero; que mi obediencia a ti me dé la victoria para no sentir nada por ella".

Hermanos del alma, quiero decirles que no pasó ni una semana cuando tuve que verla para buscar la nena y cuando la vi, no sentí absolutamente nada, nada, por ella. Dios había obrado. Aquel acto de obediencia destruyó todo lo que había en mi corazón por ella. Ahora soy libre, realmente libre. ¿Vieron lo que Dios hace? Él es glorioso. Gracias, Señor, por tus procesos que nos llevan a crecer y a ser libres aún sin saberlo. ¡La obediencia trae bendición!

Parte III:

ANTE LOS OJOS DE LOS HIJOS

Capítulo 20:

MAMI Y PAPI, ANTES Y AHORA

Por Shahaelyn Santiago

M I NACIMIENTO FUE muy esperado. Gracias a Dios, mis padres me dieron mucha atención desde el principio por ser la primogénita. Esos primeros años de mi vida fueron de plena felicidad y mi padre siempre estuvo conmigo, a pesar de que ya estaba en el ambiente musical. Tengo fotos de nosotros en la playa, fiestas de familia y en todas salgo realmente feliz, porque contaba con una verdadera familia. Pero el tiempo pasó y las cosas cambiaron poco a poco en todos los sentidos. La relación de mis padres cambió y mi relación con papi era cada vez más distante.

NIÑEZ DIFÍCIL

Eso hizo de mi niñez una etapa muy difícil. Presencié momentos muy fuertes que una niña no debe vivir. Todo comenzó cuando mi papá se fue en el "trip" de que era famoso y empezó a tener una vida desordenada en todos los sentidos. Por esa razón, tuve una vida bastante inestable, tanto en mi familia como en mi vida personal. Debido a los problemas en mi hogar, llegué a estar en cuatro escuelas y mudarme varias veces. Sentía que cuando ya estaba bien en un lugar, me lo quitaban y tenía que volver a empezar. No había estabilidad, ni en mi casa ni en la escuela.

En algunas épocas de mi niñez, también debido a sus crisis, fui muy rechazada por mis padres. Mi mamá nunca tenía tiempo para mí; solo existían ella y sus problemas. Mi papá siempre estaba haciendo cosas fuera de la casa y casi nunca tenía de él el cariño y la atención que yo anhelaba.

También fui rechazada por mis "amiguitos" de la escuela.

153

Cuando escuchaba a los medios hablar de que mi padre estaba con otras mujeres, yo me sentía avergonzada de él, me arrepentía mil veces de ser su hija y me daban ganas de no volver a la escuela. Yo llegaba a mi casa llorando diciéndoselo a mi mamá, porque en la escuela los niños me decían cosas como: "¡Mira! Tu papá salió en la televisión y dicen que 'se las está pegando' a tu mamá". ¿Qué yo podía decir de eso? No podía defenderlo. Solo les daba la razón en todo, porque yo sentía que mi papá no se merecía ni que yo lo defendiera.

Los niños a cierta edad son muy crueles y no miden sus palabras. De ahí salen los complejos y las inseguridades. Creo que por eso siempre tuve dificultad en acercarme a la gente. Debo admitir que esas cosas me afectaban emocionalmente, pero me llevaron a ser más fuerte y ya después aprendí a ignorar y a pasar por alto muchos comentarios.

CÓMO ERA MI HOGAR

Mi padre nunca estaba y cuando llegaba, solo lo veía comer, dormir y discutir con mi mamá. A él no se le notaba ningún tipo de interés de tener algún tipo de comunicación con nosotros (mi hermano y yo). Solamente le importaban él y su trabajo. En cambio, mi mamá siempre estaba y era la que hacía todo por nosotros, pero algo faltaba en ella, algo la alejaba. Ella siempre estaba pendiente a mi papá, aunque él no estuviera en la casa. A veces nosotros pedíamos atención, pero ella estaba muy aferrada a él y para mí era difícil entender por qué tanto amor por alguien a quien ni siquiera le importas. Siempre me hacía esa pregunta.

Cuando escuchaba a mi padre llegar tarde en la noche, ya sabía que escucharía una pelea y gritos, y me ponía muy nerviosa. En esos momentos, sentía muchas cosas feas hacia mi papá porque yo sabía lo mucho que él hacía sufrir a mi madre y lo poco que le importaba. Muchas veces pensé: *¿Por qué llega tan tarde? ¿No le interesa estar con nosotros? Quisiera que se fuera para siempre.* Sinceramente, cada vez que pasaba alguna pelea en mi hogar, mi corazón se entristecía y guardaba ira y dolor hacia mi papá. Yo no sabía por qué Dios me había dado un padre así. No entendía por qué tenía que pasar por todo eso.

Recuerdo que una de muchas noches, mis padres discutían y los gritos eran tan fuertes que yo me asusté mucho y me escondí debajo de un escritorio, tapando fuertemente mis oídos para no escuchar nada más. Mis padres tenían una secretaria en la casa y ella era muy buena con nosotros. Ella escuchó muchas de esas peleas y presenció algunas de ellas también, y recuerdo que siempre me protegía y trataba de calmarme. ¡Gracias! A ninguna persona, sea grande o pequeña, le hace bien vivir tantos momentos duros de temor, dolor, angustia y tristeza, tan seguido. ¿A qué niño le gusta vivir así? A ninguno. Nadie se merece vivir con tantos momentos de dolor.

De todo lo que vi en la relación de mis padres, me impactaba de ellos el poco amor que sentían el uno por el otro, si era amor, porque muchas veces pensé que era compromiso. Lo único que me quedaba claro era que mi mamá amaba a mi papá, porque era demasiado lo que hacía por él. También me impactaba que no existía respeto de ninguna de las dos partes: se mentían, se herían y tenían una vida de apariencias. Además, me afectó mucho lo poco sensible que era mi padre, lo mucho que le gustaba que le sirvieran, pero él odiaba servirnos porque era un machista.

Como si eso fuera poco, me impactaba cómo mi papá cometía errores y volvía a la casa como si nada hubiera pasado, y los empujones que le daba a mi madre. Todo eso a mí me afectó, porque yo no creía en ningún hombre, ni en el amor en un matrimonio. Pensaba que no tenía una verdadera familia. Mi niñez fue muy dura para mí, pero a pesar de eso, trataba de ser feliz y distraerme en mis estudios.

Por todo lo que pasaba en mi casa, me refugié en mi abuelita. Siempre quería estar en su casa porque allá me sentía mucho más segura y tranquila que en mi propio hogar. Le quiero dar las gracias públicamente porque siempre se encargó de mí sin protestar y me daba todo lo que podía darme y más. Abuela Priscilla, te amo demasiado y tú sabes que eres la mejor abuela del mundo. A ti te debo muchas cosas, eres muy especial, porque aunque tu niñez tampoco fue fácil, te levantaste, y pudiendo ser una persona dura y rencorosa, preferiste perdonar y olvidar.

Algunos momentos felices

De vez en cuando en mi niñez tuve momentos de alegría. Recuerdo que hubo un tiempo en que mi mamá trabajaba y nunca olvido que papi se encargaba de peinarme, ayudarme a bañar y alimentarnos. Luego yo comparaba cómo mami me peinaba y cómo papi me peinaba. También recuerdo que en mis cumpleaños él gastaba mucho dinero porque eran fiestas grandes, con mis muñecos preferidos y siempre iba mucha gente. Yo la pasaba muy bien en mis cumpleaños, aunque él siempre era el último en llegar. También recuerdo muy bien que cuando mis padres se dejaban y él quería volver a la casa, era muy listo, ya que nos llevaba los juguetes que más queríamos para que lo aceptáramos nuevamente con nosotros. Sé que eso no es muy bueno, pero para mí eran momentos felices.

Y mis momentos felices con mi madre pues fueron muchos más, a pesar de que ella era gruñona, peleona y gritona, pero cuando estaba de buenas era la mejor. Siempre fue bien complaciente conmigo y cuando mis amigas se quedaban en mi casa, ella nos tenía helados, dulces y películas. Siempre nos brindó la confianza de decirle qué estaba pasando en nuestras vidas, qué nos preocupaba o qué nos tenía muy contentas. Ella siempre fue una buena madre, pero estaba tan herida que muchas veces de desquitaba con nosotros la ira que llevaba dentro. Aunque ella nunca me pegó, fui marcada por sus gritos y sus palabras.

Costumbre de la ausencia

Cuando era pequeña y mi padre se iba de la casa yo sufría mucho, tanto que cuando lo veía regresar comenzaba a llorar de felicidad. Pero ese suceso ocurrió tantas veces que cuando crecí, solo pensaba: "¡Ojalá que no vuelva!". Yo era feliz cuando mi papá no estaba en mi casa. Sin él no había problemas. Yo podía ver a mi mamá más tranquila y más concentrada en nosotros.

Cuando él se iba era que mi mamá y yo nos apegábamos más y cultivamos una confianza increíble. Yo decía que mi mamá era mi mejor amiga y sin él me sentía libre. Pero mi mamá siempre pensaba en él. En la separación más larga con él (tres años), ella cayó en una gran depresión y nos alejamos de la iglesia por meses. Ella no salía del cuarto y se refugiaba en las películas. En ese tiempo, nos descuidó aún más y yo sentía que no solamente había perdido a mi papá, sino también a mi mamá. Ella salía de vez en cuando con las amigas del trabajo y esa era su distracción. Cualquier cosa que ella escuchaba sobre él a ella le seguía afectando. Nunca lo dejó ir.

Aunque nunca fui una chica rebelde, en los últimos tres años que mi papá se ausentó hice muchos amigos y salía de vez en cuando. Para mí era bueno porque cuando él estaba en la casa, nunca me dejaba salir con nadie. Cambié mucho, ya no era tan tímida y ahora tenía amistades. Todas esas cosas me hacían más fuerte y me enseñaban las cosas de la vida que yo jamás quiero que me ocurran a mí. Le decía a mi madre: "Si yo fuera tú, no haría eso; si yo fuera tú, no volvería con él; ¿por qué dejas que te trate así?; tú no te mereces eso". Y le decía: "A mí jamás me va a pasar eso, porque yo sé lo que quiero. No quiero tener una vida como la tuya. Yo voy a elegir bien".

Yo intentaba sacar a papi de la cabeza de mami diciéndole que lo olvidara, que para qué lo quería en la casa si él estaba, pero no estaba. Le decía que ella necesitaba algo mejor, necesitaba estar segura y feliz y con él nunca lo iba a lograr. Yo le dije muchas cosas por la confianza que tenía con ella, pero ella nunca me hizo caso. Eso me molestaba mucho, porque yo decía que ella era una masoquista, una boba y le decía que por eso ella tenía la vida que tenía.

Ya para ese entonces, yo ni quería cerca a mi padre ni me gustaba saludarlo (lo hacía por compromiso), aunque nunca llegué a odiarlo. Eso lo logró él solito, ya que cuando estuvo lejos de nosotros casi no llamaba, o sea, no le importaba si estábamos bien, además de que casi ni nos daba dinero para vivir. Él fue muy duro con nosotros y todo eso hacía que lo rechazara más. Por mi madre yo sentía más amor que nunca. Ella y yo hacíamos todo juntas. Yo dormía con ella, salía con ella, compraba con ella y hablaba mis cosas con ella. Mami cada vez se fue poniendo más fuerte de carácter y ya sabía lo que ella quería. Cuando volvimos a la iglesia (luego que pasaron ocho meses), mi mamá comenzó a ser otra. Ahí sí que yo dije: "Ya nunca volverá con papi". Yo le preguntaba si quería volver con él y ella me decía que no, pero cuando oraba, oraba por él. Yo sabía que ella me estaba mintiendo por hacerme sentir bien y por complacerme. Eso me hacía sentir insegura, porque yo definitivamente no quería volver a tener la vida que llevaba antes y me daba miedo vivir así otra vez.

LA NOTICIA DE MI HERMANITA

Al enterarme de que iba a tener una hermana por parte de padre (eso también salió en televisión), me puse grave. Decía que no la quería conocer y mis pensamientos sobre mi padre ya eran más profundos, porque comencé a hacerme películas en la mente. Para ese entonces yo tenía diez años de edad y tuve la madurez de entender todo lo que había pasado. Ya yo sabía todo lo que mi papá hacía. Cuando vi la foto de mi hermanita, yo decía que era bien fea y comencé a ponerle apodos. Sinceramente no me hizo feliz esa noticia a pesar de que siempre quise tener otra hermanita. Sin embargo, mi mamá me decía que ella no tenía la culpa de nada de lo que mi papá hacía. Decía que ella era una bebé y ella no sabía nada. Puedo decir que mi mamá me ayudó a sanar y quererla, pero no fue hasta que la vi como un año después más o menos, que le fui tomando cariño. No recuerdo qué pensé cuando la vi, pero poco a poco la relación de hermanos fue creciendo.

Lo que sentía por su madre era resentimiento, celos, dolor. Sinceramente, yo era muy hipócrita con ella; solo la trataba por mi papá. Yo sabía todo el tiempo que ella había estado con mi padre y que había sido tan atrevida que tuvo una hija con él. Para mí, ella no representaba nada bueno. La trataba porque por medio de ella podía ver a mi hermana, pero no me interesaba pasar tiempo con ella. Llegué a perdonar a la madre de mi hermana mucho tiempo después, ya cuando crecí y tenía la madurez para hacerlo. La perdoné, porque si perdoné a mi padre, tenía que perdonarla a ella también porque los dos habían cometido el error. Mi corazón fue sanando con el tiempo.

EL REGRESO DE PAPI

Cuando me enteré de que mi padre regresaría a la casa después de tanto tiempo, ya yo estaba planificando irme de la casa. Para mí era algo terrible y estaba pensando que si me quedaba, iba a pasar todo el día encerrada en mi cuarto, y no tendría la más mínima comunicación con él. Yo traté de que mi madre cambiara de opinión, pero ellos ya habían tomado la decisión.

Yo no quise hacerle la vida fácil a mi papá. Desde el principio le hice saber con mi actitud que yo no quería que él estuviera ahí. Él muchas veces me pidió perdón y trataba de acercarse a mí, pero yo no le creía ni una sola palabra. Yo siempre pensé que él nunca iba a cambiar, porque como él antes había dicho que iba a cambiar y volvía a hacer lo mismo, yo tenía en mi mente que eso de ser bueno no iba a durar mucho. Y le decía a mi madre: "Ya tú verás que él volverá a hacerte lo mismo. Cuando pase, no digas que no te lo advertí". Ya sé que suena fuerte, pero yo estaba muy herida con él. Él tuvo sus estrategias para acercarse más a mí y tener comunicación conmigo, pero yo me mantenía callada y trataba de no ceder tan fácilmente a lo que me pedía. Poco a poco, me fue gustando que me buscara la vuelta.

LA RESTAURACIÓN DE PAPI Y DE MI FAMILIA

Papi hizo muchas cosas para ganarse mi cariño y mi respeto nuevamente. Él comenzó a llevarme a la escuela y nunca en la vida había hecho eso, porque odiaba levantarse temprano y le dejaba todas las responsabilidades a mi mamá. Durante el trayecto en el carro, me preguntaba cómo me había ido en la escuela y me ponía cualquier tema para entablar una conversación conmigo. Si me veía triste, me invitaba a un mantecado o al cine. Me preguntaba por mis amigas de la escuela y le interesaba conocerlas. Comenzó a orar por mí en las mañanas antes de cada examen o cuando algo me ponía nerviosa, y a ayudarme en las tareas escolares, entre otras cosas. Cuando yo veía todo lo que él estaba haciendo para ganarse mi cariño y respeto, fue que empecé a creer. Las cosas que él hacía me impactaban y me daban esperanza, porque mi papá nunca antes hacía nada por nosotros. Con sus acciones, él me demostraba que sí le importaba lo que yo pensara de él.

Este proceso fue muy difícil para mí, pero estoy segura de que para él también lo fue. El cambio en la relación de padre e hija no fue de la noche a la mañana, pero estoy segura de que valió la pena esperar la promesa de Dios y luego darle la oportunidad de cambiar su imagen como padre, en lo que a mí respectaba. Después de todo este proceso familiar, mis padres son completamente diferentes.

Mi padre es una nueva persona. Él ahora todo lo consulta con nosotros, nunca anda solo porque no le gusta, siempre quiere que estemos con él, ya le importa todo de nosotros y se disfruta cada momento de nuestras vidas. Es muy payaso en la casa y nos ha demostrado que podemos confiar en él. Luego de nuestra restauración familiar, mi madre es mucho más alegre, ya no llora, es mucho más atenta, más positiva, está enamorada de mi padre, siempre nos demuestra lo importante que somos para ella (cosa que antes no hacía) y es abierta. Ya no hay secretos en ella, porque ya no existe en ella todo lo que la dañaba.

Lo más que admiro de mi mamá es su perseverancia y su fe, porque aunque nadie creía, ella creyó. También admiro de ella su fuerza porque para ella hacer todo lo que hizo por esta familia tiene fuerza de más. Antes yo veía esa lucha de otra manera, porque pensaba que era muy boba y que era masoquista, pero ahora la veo como una mujer luchadora y valiente. Mi mamá me ha enseñado mucho y admiro todo de ella.

A mi padre lo admiro desde el momento en que decidió alejarse del mundo y sus placeres, y cambiar por completo. Todo el mundo sabe que cambiar un estilo de vida es difícil, y me imagino que para mi padre fue más que difícil, pero por amor a Dios y a nosotros él decidió hacerlo. También admiro de él su firmeza, su capacidad de pedir perdón hasta el cansancio. Admiro que aunque pasen cosas en el camino, él sigue adelante. Admiro su pasión por Dios, admiro todo lo que hace por Dios.

Gracias a Dios y a mis padres, disfrutamos de todas las bendiciones que antes nos hacían falta, vivimos con el favor y la gracia de Dios, y eso se ve a simple vista. Mi relación con mis padres, luego de todos estos años, es maravillosa. Antes creía que solo tenía a mi abuela y a mi hermano, pero ahora tengo una familia completa, una familia unida que comparte todo. Con mis padres paso la mayoría del tiempo y ahora existe la confianza que antes faltaba. Ahora tengo un momento familiar feliz todos los días. Papi y mami me animan en momentos tristes, me apoyan en mis estudios y en mis decisiones personales, me dan amor, siempre que se puede me dan mis gustitos y están para mí siempre que los necesito. Mi familia y mi relación con mis padres han sido restauradas.

UN CONSEJO PARA LOS PADRES EN CRISIS

Mi consejo para los padres que estén pasando por esta situación es que tomen la decisión de romper con ese estilo de vida y sean firmes en el cambio. Piensen en sus hijos, en el daño emocional que sufren como sufrí yo. No discutan frente a sus hijos, no se griten; respétense. Den tiempo de valor a sus hijos, atiéndanlos. Ellos no tienen la culpa de nada. Ellos no tienen que sufrir las consecuencias de su falta de comunicación y errores cometidos. Les pido que se metan en el río de Dios y que no se avergüencen de lo que la gente les pueda decir por cambiar su estilo de vida y esforzarse por su familia. Lo importante es lo que Dios y tu familia piensen de ti porque, a final de cuentas, son los que verdaderamente importan. Algo que sí es necesario es que si tienen hijos y saben que están heridos, busquen hablar con ellos y hablen con toda sinceridad. Pídanles perdón porque es la pieza clave para que sus hijos comiencen a cambiar. Posiblemente están rebeldes por todo lo que han pasado y ese perdón sanará las heridas que llevan dentro.

Hoy en día puedo decir que soy una persona completamente diferente. He perdonado a mis padres y tengo un corazón sano. Estoy muy agradecida con Dios, porque él ha sido bueno conmigo y me ha dado más de lo que yo pensé que podía tener. Soy completamente feliz y disfruto de una verdadera familia porque así Dios lo prometió. Si tienes alguna promesa de parte de Dios, créela porque sin duda vendrá y no tardará porque así lo afirma la Palabra de Dios.

Mi papá es un hombre de Dios. Nos modela lo que es la Palabra y eso es lo que hace que lo respetemos. Su autoridad para hablar de la Palabra está en que Él la modela en casa primero. Tiene autoridad de hablar la Palabra porque la vive cada día y nos instruye a nosotros a hacerlo también. Si hacemos algo que está fuera del orden, él viene a nosotros con la Palabra de Dios. Cuando papi nos habla, siempre entra la Palabra en la conversación para que podamos entender que no es su opinión, si no lo que dice la Palabra.

"Los diáconos sean maridos de una sola mujer, y que gobiernen bien sus hijos y sus casas" (1 Timoteo 3:12).

"Y éstos también sean sometidos a prueba primero, y entonces ejerzan el diaconado, si son irreprensibles" (1 Timoteo 3:10).

"…que gobierne bien su casa, que tenga a sus hijos en sujeción con toda honestidad" (1 Timoteo 3:4).

UN CONSEJO PARA LOS HIJOS

Mi consejo para los jóvenes y niños que puedan estar pasando por esta situación es que se paren en la brecha de Dios y se mantengan en oración aunque no vean solución a sus problemas, porque yo no veía solución en mi familia y ahora tengo lo que nunca pensé tener. Dios escucha a sus hijos y él no deja justo desamparado. Dios tiene toda situación en sus manos; solo hay que tener fe y creer en lo que Dios puede hacer por ti. Nadie te puede decir cuánto tiempo pasará, pero espera porque algo grande vendrá. Si estás herido, perdona a tus padres, entrégale esos sentimientos a Dios y Él se encargará de sanarte. Luego ten la valentía de hablar con tus padres y diles cómo te sientes. Yo no lo hice porque era tímida y no me atrevía a expresarme delante de ellos por miedo a cómo iban a reaccionar, porque eran muy impulsivos, pero háblales. Te aseguro que eso adelantará el proceso, ya que de esa manera ellos pueden entenderte.

Pero sobre todas las cosas, ora y reclama. La Palabra declarada por ti, como hijo, tiene fuerza y poder porque la Palabra de Dios es vida y hará todo aquello para lo que la envíes. Empieza hoy.

Muchas veces le dije al Señor: "Padre, ¡ayúdame a que esto termine ya!". Cuando te sientas así, acude a Salmos 103:13: *"Como el padre se compadece de los hijos, se compadece Jehová de los que le temen"*.

Ten presente que cuando los hijos oramos por los padres, somos saetas, bombas lanzadas al enemigo. Fíjate en Salmos 127:4: *"Como saetas en mano del valiente, así son los hijos habidos en la juventud"*.

Cuando tenemos el amor de Dios en nuestro corazón, sabemos que tenemos la esperanza de que Él nos escucha y Él hará de acuerdo a lo que hemos pedido. Lee Proverbios 14:26: *"En el temor de Jehová está la fuerte confianza; y esperanza tendrán sus hijos"*.

Nosotros somos más que dichosos; somos felices cuando mi padre anda en integridad. Declara la Palabra en Proverbios 20:7: *"Camina en su integridad el justo; sus hijos son dichosos después de él"*.

Mi madre es una mujer de Dios; una guerrera. Ella es bienaventurada, la honro y la respeto. Cree en que tu casa será como dice Proverbios 31:28: *"Se levantan sus hijos y la llaman bienaventurada; y su marido también la alaba"*.

Esta Palabra es una promesa poderosa y yo la creí: *"Entonces saldrá libre de tu casa; él y sus hijos consigo, y volverá a su* familia, y a la posesión de sus padres se restituirá" (Levítico 25:41).

Dios me sustentaba en todo tiempo, aún cuando creía que no tenía a nadie. Para que sientas lo mismo, lee Salmos 55:22: *"Echa sobre Jehová tu carga, y él te sustentará; no dejará para siempre caído al justo".* Acude a Salmos 94:18: *"Cuando yo decía: Mi pie resbala, tu misericordia, oh Jehová, me sustentaba".*

Mi corazón fue sanado, primero porque Dios lo sanó, pues Él es quien sana. Pero todo lo que hizo mi padre para volver a ganarse mi amor, hizo que mi corazón volviera a amarlo y respetarlo. Ten presente Salmos 103:3: *"Él es quien perdona todas tus iniquidades, el que sana todas tus dolencias".*

Tenía que entregarle a Él mis sentimientos, para que obrara en mí y yo aceptara a mi papá en nuestra casa otra vez. Fíjate en Jeremías 15:19: *"Por tanto, así dijo Jehová: Si te convirtieres, yo te restauraré, y delante de mí estarás; y si entresacares lo precioso de lo vil, serás como mi boca".*

Cuando nos decidimos a humillarnos delante de Dios y pedir perdón por todo lo que sentimos por nuestros padres (rencor, falta de perdón, ira, desilusión), Dios se levanta, nos perdona y nos restaura. Lee esta verdad en 2 Crónicas 7:14: *"Si se humillare mi pueblo, sobre el cual mi nombre es invocado, y oraren, y buscaren mi rostro, y se convirtieren de sus malos caminos; entonces yo oiré desde los cielos, y perdonaré sus pecados, y sanaré su tierra".*

Dios restauró mi familia por amor, para que todo el mundo viera que fue su poder sanador el que lo hizo. Así mismo dice Salmos 106:8: *"Pero él los salvó por amor de su nombre, para hacer notorio su poder".*

Ahora mi felicidad viene de tener una familia restaurada, un hogar lleno de amor y en paz, y siempre siento a Dios en medio nuestro. Cree que también puede ocurrir contigo. *"¡Mirad cuán bueno y cuán delicioso es habitar los hermanos juntos en armonía!"* (Salmos 133:1).

Yo sé que Dios, así como restauró mi familia, restaurará la tuya por su Palabra de verdad. *"Reedificarán las ruinas antiguas, y levantarán los asolamientos primeros, y restaurarán las*

ciudades arruinadas, los escombros de muchas generaciones"
(Isaías 61:4).

Te animo a que no pares de orar y de creer. Tu fe moverá
las montañas más grandes. Tu amor unido con la fe será la
llave para que Dios haga la obra en tu mamá o en tu papá.
He comenzado a llevar el mensaje de que Dios puede sanar el
corazón de una hija y restaurar la relación como nunca antes.
Sé que Dios lo hará. Si lo hizo conmigo, también lo hará en ti, si
lo crees con todo tu corazón y pones de tu parte para lograrlo.
Recibe esta oración.

> *Dios, oro por cada joven herido, con un hogar disfun-
> cional. Te pido, Señor, que lo llenes de tu amor y lo
> sanes. Inúndalo de los frutos del Espíritu, entra en su
> casa y con tu fuego quema todo lo que no sea tuyo.
> Haz que cada día crezca el amor entre él y sus padres,
> que tengan comunicación y, sobre todo, que pueda
> perdonar a sus padres por todo el dolor y el rechazo
> que ha sentido. En el nombre de Jesús, declaro que
> todo espíritu de separación es cancelado y declaro tu
> unidad. Así como el Padre y tú son uno, así sean ellos.
> En el nombre de Jesucristo, amén.*

Capítulo 21:

LA ADMIRABLE FIRMEZA
DE MI PAPÁ

Por Reynaldo Santiago, hijo

URANTE MI NIÑEZ, aunque mis recuerdos no están muy claros, en mi familia había mucha falta de amor. Éramos como los payasos, por fuera reíamos, pero dentro de la casa la situación era diferente. Mis padres siempre estaban alejados, discutiendo y muy pocas veces se trataban bien.

Mi papá nunca estaba en mi casa y yo casi no lo veía, porque llegaba tarde en la noche. Para que tengan una idea de la relación de padre a hijo, yo solo veía a mi papá una vez al día, antes de irme a la escuela por la mañana. Aunque me hubiera gustado pasar más tiempo con él, no podía porque yo estaba en la escuela durante el día y cuando llegaba, ya él no estaba. Mi papá nunca compartía conmigo. Cuando yo tenía once años, iba a mis juegos de baloncesto, y entre mis doce y trece años se había separado de mami y empezó a compartir un poco más conmigo.

Mi mamá, en aquellos tiempos, era bastante maltratante con las palabras que salían de su boca, gritaba mucho y todo lo decía con voz de enojo. Pero siempre estuvo ahí para mí como madre y trabajó mucho para darnos lo que mi hermana y yo necesitábamos. Nunca se me va a borrar de mi conciencia su esfuerzo para sacarnos hacia adelante en ese tiempo que mi papá no estuvo, algo digno de admirar aun en su estado de tristeza por todo lo que estaba pasando. A pesar de que yo hacía muchas travesuras en mi temprana adolescencia, mami me escuchaba, me entendía y era muy sabia en sus consejos. Yo sentía mucho amor por ella.

Cuando mi papá se fue, al principio se pasaba triste, sufría demasiado y estaba un poco dura. Al pasar unos meses, se apartó un tiempo de los caminos de Dios, en rebeldía. Más adelante, cuando volvió a tomar su lugar, estaba más confiada y tranquila y pude disfrutar un poco de lo que era una familia, aunque ella se pasaba casi todo el tiempo en la iglesia. Mi mamá es una mujer íntegra y digna de admirar. Siempre le busca la solución a las cosas. Es luchadora, una guerrera de Dios y una mujer bien sabia. Como esposa, es la ayuda idónea.

Cuando mi papá se separó de mami, yo no sentí nada al momento porque era un adolescente con el corazón muy duro y le daba poca importancia a lo que pasaba a mi alrededor. Ya estaba acostumbrado a que él se fuera de la casa. Desde que tengo conciencia, eso era algo de rutina. Pero a la larga me di cuenta de que me afectó muchísimo y tuvo sus consecuencias en mí. No tenía a ese padre para que me dijera qué hacer o qué no hacer, que me diera consejos, y eso me hizo no respetarlo a la larga.

El tiempo que mi papá estuvo totalmente ausente de casa, actué en desobediencia y rebeldía. Escuché, vi y me hice parte de muchas cosas malas a mi corta edad. No respetaba, no me importaba nada, solo quería hacer lo que yo quería. Hice sufrir a mi mamá con mi rebeldía, pues ella era la que tenía el control de la casa. Yo actuaba al garete, sin importar las consecuencias. Me gustaba la calle y peleaba mucho, era muy explosivo y me la pasaba haciendo travesuras. Me expulsaron del colegio, porque no respetaba la autoridad. ¿Qué iba a respetar, si sentía que nunca me respetaron a mí como hijo? No me enseñaron lo que era el respeto; vi mucha falta de respeto en mi hogar. No me estoy justificando; estoy diciendo lo que entiendo que me pasó en ese momento. A pesar de las circunstancias, siempre amé a mi padre, pero había resentimiento dentro de mí. Quería que volviera, pero a la vez no quería ni verlo; era una mezcla de sentimientos.

Yo tenía solo siete años cuando mi papá fue infiel. Yo era un niño inocente y no sabía lo que era la infidelidad. Después, cuando supe que tenía una hermanita, no podía creer lo que mi mamá me dijo. Sabía que tenía una hermanita que era hija de mi papá, pero no era hija de mi mamá. Por eso, yo no la quería. Yo pensaba que no podía ser mi hermana, porque no era hija de mi mamá. En mi corazón no quería ninguna hermana y decía que no la iba a querer nunca, que no la quería ni ver. Al saber toda la historia, fue un golpe duro para mí. Sabía que mi papá estaba con mujeres, pero tener una hermana fuera de mi hogar era algo inaceptable para mí. Durante dos años no quería ni que me hablaran de ella. Luego la conocí, la acepté y la nena se llevaba bien conmigo. Pero el proceso fue difícil.

Tenía catorce años cuando mi papá volvió a casa. Yo estaba en pleno vacilón y me creía grande. Nunca estaba en casa. Vi demasiadas cosas malas y quería ser como mis amigos; hacía cosas de la calle. Cuando papi volvió a la casa, le dije a mi mamá: "Que no me venga a regañar ni a decirme nada, porque él no tiene autoridad para decirme nada a mí. Que no me diga nada, no me interesa lo que él tenga que decirme ni lo que él quiera". Me molesté, porque yo me mandaba. Yo no lo quería en la casa porque no me gustaba que me mandaran, y estaba a la defensiva antes de que él llegara. Eso es lo que hace en el corazón de un hijo la falta de un padre o la poca atención que le presta. Pero yo era bueno aunque fuera travieso, y me importa la persona que está al lado mío más que yo. Yo no quería que papi se sintiera mal y mejor lo evitaba. Papi era firme y tenía que pedirle permiso, pero le doy gracias a Dios porque me dio un papá que conocía la calle y ha sabido guiarme.

Enseguida que papi volvió a casa, empezó a dedicarnos tiempo, llevarnos a la escuela, orar por nosotros, conversar con nosotros e interesarse en nuestras vidas. Mi papá cambió mucho; él era muy orgulloso y testarudo, y ahora es humilde. La aceptación y el respeto él se los ganó; trabajó para eso. También es buen proveedor y bien trabajador. Ahora yo siempre estoy con él y estoy pendiente de cómo se comporta. Él se cuida mucho, como dicen los Salmos 119:94, 146: *"Tuyo soy yo, sálvame, porque he buscado tus mandamientos […] A ti clamé; sálvame, y guardaré tus testimonios"*. Mi papá procura todo el tiempo de no volver a caer, como 1 Corintios 10:12: *"Así que, el que piensa estar firme, mire que no caiga".* Ahora siempre se comporta de acuerdo a la voluntad de Dios.

Pero lo que más admiro de papi es su firmeza y su fidelidad como cristiano, aún en momentos económicamente muy difíciles para nosotros. En un momento de esos que nos vimos muy mal, una casa disquera secular muy importante le ofreció un contrato de grabación con un adelanto de $150,000. Ese dinero nos hubiera resuelto muchas cosas. Papi prefirió quedarse como estaba porque sabía esperar la recompensa del Señor. Él cree mucho en la Palabra de Hebreos 11:1: *"Es, pues, la fe la certeza de lo que se espera, la convicción de lo que no se ve".* También cree mucho en que *"Mejor es lo poco con el temor de Jehová, que el gran tesoro donde hay turbación"* (Proverbios 15:16). Le ofrecieron un homenaje especial y formar parte del reencuentro en un grupo secular al que perteneció, y tampoco aceptó.

A LOS PADRES

Ustedes son la autoridad delegada por Dios sobre sus hijos. No se dejen dañar por la rutina del trabajo que no les permite prestarles atención a sus hijos. Busquen tiempo diario de calidad para compartir con ellos. Sus hijos necesitan su atención. Oren por sus hijos y sepan ser sabios. No quieran imponer el respeto así porque sí. Provean un buen modelaje, escuchen a sus hijos, interésense en saber cómo están, cómo son y qué hacen. Decídanse a meterse en la brecha por su familia porque Dios tiene un propósito para cada familia.

> *"He aquí, por tercera vez estoy preparado para ir a vosotros; y no os seré gravoso, porque no busco lo vuestro, sino a vosotros, pues no deben atesorar los hijos para los padres, sino los padres para los hijos"* (2 Corintios 12:14).

> *"El hará volver el corazón de los padres hacia los hijos, y el corazón de los hijos hacia los padres, no sea que yo venga y hiera la tierra con maldición"* (Malaquías 4:6).

A LOS JÓVENES

A veces los jóvenes se enfocan en lo que es una religión como rutina. Quiero decirte que te enfoques en lo que es una relación con Dios y hagas lo siguiente:

Siempre examínate y busca parecerte más a Jesús.

> *"Examíname, oh Dios, y conoce mi corazón; Pruébame y conoce mis pensamientos"* (Salmos 139:23).

> *"Escudríñame, oh Jehová, y pruébame; Examina mis íntimos pensamientos y mi corazón"* (Salmos 26:2).

Pon por obra toda la Palabra que estés escuchando y leyendo.

> *"Así también la fe, si no tiene obras, es muerta en sí misma"* (Santiago 2:17).

Si aceptas las derrotas, siempre estarás derrotado. Si estás pasando por una situación difícil, no puedes quedarte en el suelo, sin orar. Dios permite circunstancias para que des testimonio, pero Él cumple sus promesas.

> *"Y todo lo que pidiereis en oración, creyendo, lo recibiréis"* (Mateo 17:21-22).

Siempre recuerda que el momento más oscuro de la noche es cuando está a punto de salir el sol. Tú tienes al gran Yo Soy, a Jehová Rafa, al Dios de lo imposible. Si Él empezó la obra, Él la va a terminar.

> *"...estando persuadido de esto, que el que comenzó en vosotros la buena obra, la perfeccionará hasta el día de Jesucristo"* (Filipenses 1:6).

Parte IV:

PARA LOS MATRIMONIOS

POR REYNALDO Y NORMA SANTIAGO

Capítulo 22:

¿QUÉ ES EL MATRIMONIO?

EL MATRIMONIO ES una tarea que hay que llevar día a día a la perfección en Cristo. Nuestras relaciones han sido formadas por el sistema de este mundo, el cual es distorsionado y erróneo. Por eso muchos matrimonios, aún estando en la Iglesia, teniendo la Palabra de Dios, habiéndose discipulado y habiendo tomado clases de cómo llevar mejor su matrimonio, todavía están siendo atacados por este sistema diabólico del mundo, que es todo lo contrario a lo que Dios ha establecido. El matrimonio duele. El día a día, la carga de sobrellevar las deudas, la casa y aún la relación conyugal, deben ser trabajados desde el punto de vista bíblico. Tenemos que despojarnos de nosotros para ser solo lo que Él quiere que seamos como pareja. ¡Hay tantas cosas que distancian a un matrimonio! Las discusiones, el pasado, el dolor de una infidelidad que es tan complicado y quiebra por completo la unión, forman una pared de inseguridad y dolor profundo. Por eso, el perdón no puede faltar para transformar un matrimonio; el perdón genuino, no falso, no de palabras, sino de verdad.

En Oseas 1:2 dice Jehová a Oseas: "Toma una mujer", pero ella era una fornicadora. Sé muy bien que esto trata de la relación de Dios con el pueblo de Israel, pero no podemos dejar a un lado que aquí hay una relación de dos personas: Oseas y Gomer. Quiero llevarlos a que puedan ver lo que ocurre en el mundo espiritual cuando hay este pecado (fornicación, infidelidad), especialmente en el matrimonio. Sé que Oseas se casó por obediencia a Dios, pero con el tiempo él llegó a sentir algo hermoso por Gomer, pues aunque él sabía que no tenía una reputación nada buena, él entendía que Dios había hecho un pacto entre ambos. Dios hizo un casamiento y eso era algo que le brindaba seguridad. Se casó con grandes esperanzas.

Su primer hijo se llamó Jezreel, que significa "Dios dispersa" o "Dios esparce". Podemos ver claramente que lo primero que pasa cuando un matrimonio deja entrar este espíritu de fornicación y adulterio, es que hay, como consecuencia, separación. Se dispersa todo en tu hogar.

Tuvo su segunda hija, que se llamó Lo-ruhama, que significa "No más misericordia". ¡Qué fuerte! ¿Verdad? Cuando pecamos sabiendo lo que hacemos porque en nosotros andaba la verdad, entonces dice la Palabra que la misericordia se aparta de nosotros.

Su tercer hijo se llamó Lo-ammi, que significa "No mi pueblo". Muchas veces decimos que somos hijos de Dios, pero reina en nosotros el pecado. Primera de Juan 3:6-9 afirma: *"Todo aquel que permanece en Él, no peca; todo aquel que peca, no le ha visto, ni le ha conocido. Hijitos, nadie os engañe; el que hace justicia es justo, como Él es justo. El que practica el pecado es el diablo; porque el diablo peca desde el principio. Por esto apareció el hijo de Dios para deshacer las obras del diablo. Todo aquel que es nacido de Dios no practica el pecado porque la simiente de Dios permanece en Él y no puede pecar porque es nacido de Dios".*

Ahora les dejo a ustedes la pregunta: ¿Eres pueblo o no, según la Palabra? Tenemos que ver la progresión de los tres: "Jezreel", juicio; "Lo-ruhama", tolerancia pasiva; "Lo-hammi", ninguna relación. Tenemos que aborrecer el pecado. Ya basta de jugar a ser cristianos a medias y que el enemigo se ría en tu cara, haciéndote creer que esa relación a medias es permitida. No, amados, no es permitida jamás.

> *"Contended con vuestra madre; porque ella no es mi mujer, ni yo su marido, aparte, pues, sus fornicaciones de su rostro y su adulterio de entre sus pechos, no sea que yo la despoje y desnude, la ponga como el día que nació, la haga como un desierto, la deje como tierra seca, y la mate de sed"* (Oseas 2:2-8).

Aquí vemos a un Oseas quebrantado, un hombre destrozado por el adulterio de su esposa. Sus palabras llegan al alma, pues vemos cómo un hombre queda igualmente inundado de dolor por el engaño de su esposa. Cuando él dice "ella no es mi mujer" quiere decir que el pacto de amor y fidelidad fue roto. En otras palabras, él le daba a ella el divorcio. Oseas padece en carne propia el dolor de la humillación de la infidelidad, pero Dios aquí muestra cómo salvar un matrimonio mediante el sufrimiento y el perdón.

Esta es una de las historias más profundas acerca del matrimonio y tiene una revelación sobre el adulterio que no podemos encontrar en otro lugar. Un matrimonio exitoso no es asunto de gente perfecta, mediante principios perfectos. El matrimonio es más bien un estado donde la gente con sus imperfecciones, a menudo se hieren y se humillan, pero a través de la Palabra encuentran la gracia para perdonarse el uno al otro, llevarse en amor y sustentarse en el que todo lo puede. Solo así el poder de la Palabra y el poder redentor de Dios transformarán tu matrimonio.

En Oseas 2:14-15, vemos cómo Dios usa esta situación dolorosa para traer bendición. Nos habla de la etapa de entrar en el desierto. *"Pero he aquí que yo la atraeré y la llevaré al desierto, y hablaré a su corazón. Y le daré sus viñas desde allí, y el valle de Acor por puerta de esperanza; y allí cantará como en los tiempos de su juventud, y como en el día de su subida de la tierra de Egipto."*

Ese desierto es el lugar donde Dios te dará tu bendición y disfrutarás de lo que es una relación íntima con tu Padre. Lo conocerás, escucharás su voz, tendrás esos momentos que solo se viven en privado, en lo secreto. Allí comenzarás a vivir las experiencias más hermosas con tu Padre. Allí se aprende a que lo más horrendo de nuestras vidas va tomando una nueva forma, la forma perfecta de nuestro alfarero. El Valle de Acor significa dificultad, pero Dios cambia el Valle de Acor por puerta de esperanza. Allí donde hubo problemas, vendrá a surgir la esperanza en Cristo. Allí es el lugar perfecto donde el constructor viene a formar su más grande obra maestra. Tenemos que tener esperanza.

Esperanza, *ticvá*, es *expectación*: anhelar, cordón, esperar, esperanza, lo que anhelo. Es algo que está a la expectativa, algo que es deseado y que se anticipa ansiosamente, algo por lo cual uno aguarda. *Ticvá* viene del verbo *qavah* que significa "esperar" o "aguardar". Su significado original es "estirar como una soga". Sabemos que Dios viene al rescate; el mismo Jehová es nuestra esperanza. La bendición de Dios sobre tu matrimonio transformará el valle de Acor por la bendición absoluta, por la restauración plena.

> *"Y te desposaré conmigo para siempre; te desposaré conmigo en justicia, juicio, benignidad y misericordia. Y te desposaré conmigo en fidelidad, y conocerás a Jehová. En aquel tiempo responderé, dice Jehová, yo responderé a los cielos, y ellos responderán a la tierra. Y la tierra responderá al trigo, al vino y al aceite, y ellos responderán a Jezreel.Y la sembraré para mí en la tierra, y tendré misericordia de Lo-ruhama; y diré a Lo-ammi: Tú eres pueblo mío, y él dirá: Dios mío"* (Oseas 2:19-23).

Dios renovará su pacto contigo y con tu matrimonio, siempre y cuando te arrepientas de todo corazón y jamás vuelvas a pecar. Él volverá a hacer pacto con ustedes siempre y cuando permanezcan en Él, en su Palabra de verdad, en santidad y obediencia. Entonces, Él traerá sobre ustedes un nuevo amanecer, un nuevo trato, una comunión excelente, una comunicación perfecta. Traerá amor del que solo Él puede dar, un amor puro y verdadero; seguridad en Él; y un continuo fluir en el Espíritu referente a tu relación. Cuando se vuelve a establecer lo primordial, que es el andar en santidad, pureza y obediencia, la gloria de Dios caerá sobre tu matrimonio, los cielos y la tierra se unirán a tu favor y verás la manifestación sobrenatural en tu casa, tus hijos y todo en donde tú pongas tu mano. Todo será prosperado y ordenado por Él.

Dios sabía lo que había en el corazón de Oseas y le dice: "Ve ama a una mujer amada de su compañero" (ver 3:1). Claramente, Jehová le estaba diciendo: "Ve y ama a la que ama tu corazón". Y confió en Dios y volvió a casarse con Gomer. Recordemos otra vez que esto también se refiere a los tratos de Dios con Israel después de prometer fidelidad a Jehová. Pero lo mismo hace un matrimonio que decide establecer nuevamente sus pactos en fidelidad a Jehová su Dios.

Capítulo 23:

LAS 8 CUALIDADES INDISPENSABLES EN EL MATRIMONIO

D E ACUERDO CON el propósito restaurador de este libro, te presentamos un ejemplo de las enseñanzas y ejercicios que brindamos en nuestros talleres ministeriales para matrimonios. Medita en estas cualidades y examínate en relación con ellas.

Paciencia

"Con toda humildad y mansedumbre, soportándonos con paciencia los unos a los otros en amor" (Efesios 4:2).

Paciencia es *makrodsumía*: longanimidad, soporte, aguante o clemencia (*Concordancia Strong*). Del latín, la palabra *paciencia* hace referencia a la capacidad que tiene una persona para soportar o tolerar algo sin ponerse intranquila, nerviosa o desesperada. De esta forma, un sujeto con paciencia es aquel que no se altera fácilmente.

La paciencia es una actitud por la cual tenemos que esforzarnos día a día cuando se trata del matrimonio. Cuando somos pacientes, podemos entrar en un mover de quietud en Dios. La impaciencia te lleva a hacer cosas incorrectas y a tomar decisiones equivocadas. La paciencia hace que el matrimonio consiga una estabilidad en el carácter, trae paz en cada situación y trae inteligencia. Cuando somos pacientes, hay capacidad de soportar y de tolerar. La palabra paciencia indica suavidad, indulgencia, fortaleza; la capacidad de seguir en pie hacia adelante en tu matrimonio, no asumiendo una complacencia pasiva, sino con la entereza de quien resiste activamente ante los inconvenientes en el matrimonio.

Un consejo: Cuando entiendan que no están siendo pacientes, deténganse. Dense un tiempo para orar y pedirle al Espíritu Santo que les dé paciencia en amor para poder entender en armonía la situación.

Examina tu habilidad para ser paciente		
	¿Qué cosas en tu esposa no puedes soportar o tolerar?	*¿Qué hace que te pongas nervioso, intranquilo o desesperado?*
(Hombre)	1)	1)
	2)	2)
	3)	3)
	¿Qué cosas en tu esposa no puedes soportar o tolerar?	*¿Qué hace que te pongas nervioso o desesperado?*
(Mujer)	1)	1)
	2)	2)
	3)	3)

Declaración

Hoy hago pacto delante de Dios, declaro que seré paciente con mi cónyuge y tendré paciencia en todo tiempo. En el nombre de Jesús, amén.

Mansedumbre

> *"Vestíos, pues, como a escogidos de Dios, santos y amados, de entrañable misericordia, de benignidad, de humildad, de mansedumbre, de paciencia"* (Colosenses 3:12).

Mansedumbre es *praótes*; gentileza; por implicación, humildad (Concordancia Strong); una disposición pareja, tranquila, amable y cortés.

En el matrimonio esto es vital, ya que la persona que posee esta cualidad perdona las injurias, corrige las faltas y gobierna muy bien su propio entorno. Es una de las más grandes virtudes de un cristiano; ser equilibrado. Aristóteles, el gran filósofo griego, tenía por costumbre definirlo como *prays* ("el término medio de dos extremos"), o el término medio entre el exceso de ira y la total incapacidad para sentirla. Para explicarlo bien, es el hombre que siente indignación por las injusticias y los sufrimientos de los demás, y nunca se indigna ante las injusticias y los insultos hacia él mismo. También, es lo que se usa para definir a una persona que ha sido domado por el espíritu para obedecer y estar perfectamente controlado. Es aquel hombre que tiene sus instintos y pasiones bajo perfecto control. El hombre que tiene esta cualidad vive totalmente bajo el control de Dios. Es aquel hombre que se indigna cuando debe y se sujeta al Espíritu Santo cuando es preciso.

Ahora podemos entender que la mansedumbre solo se adquiere bajo el poder del Espíritu Santo. En el matrimonio es importante tener esta cualidad para poder mantenernos equilibrados en todo. La mansedumbre se trabaja poco a poco. Esto es algo donde tenemos que poner más esfuerzo que en todo lo demás, porque la mansedumbre es poder someter los sentimientos del alma en el asiento del espíritu. Allí es el único lugar donde podemos sacar lo mejor de nosotros mismos. Queremos ser mejores con nuestras parejas, pero sobre todo, queremos ser como le agrada a Dios.

Examina tu capacidad para la mansedumbre...	
(Hombre)	*¿En qué área tienes que trabajar para ser más amable y más cortés con tu pareja?*
	1)
	2)
	3)
(Mujer)	*¿En qué área tienes que trabajar para ser más amable y más cortés con tu pareja?*
	1)
	2)
	3)

Declaración:

En el nombre de Jesús, Padre, declaramos que en este matrimonio se desata la mansedumbre, y que el alma se sujeta al Espíritu Santo de Dios. Declaramos mansedumbre total; que cada situación que atravesemos como matrimonio la manejaremos en un espíritu de mansedumbre.

Decido cada día trabajar en mí. En el nombre de Jesús seré amable y cortés con mi cónyuge. La mansedumbre llena mi vida, en el nombre de Jesús.

Amabilidad

> *"La respuesta amable, calma el enojo; la respuesta grosera lo enciende más"* (Proverbios 15:1, Biblia de la Familia Lenguaje Actual).

Cuando hablamos de ser amables, podemos decir que ambas personas son complacientes, agradables y delicadas en el trato como pareja o con los demás. *Amable* es un nombre propio de origen latino y su significado es 'el que ama', 'el que siente amor'.

En el matrimonio pasan muchas cosas. Alguien volvió a dejar algo tirado, o dejaste la pasta dental fuera de lugar, o quieres algo y lo pides de la forma equivocada, o simplemente en algún momento tenemos diferencias y diste la contestación de la forma equivocada.

La amabilidad es la manera más sencilla, delicada y tierna de hacer realidad un amor maduro. Amabilidad se define como "calidad de amable", y una persona amable es aquella que "por su actitud afable, complaciente y afectuosa es digna de ser amada". ¿Eres tú amable con tu pareja? ¿Eres agradable a esa otra persona cuando estás a su lado? Recuerda que tú siempre tienes que ser el que ama. Comprométete a ser amable y a ser el que ama.

Examina tu habilidad para ser amable...		
(Hombre)	¿Cómo es tu actitud cuando tu pareja hace algo que no te agrada?	
	Gritas ___ sí ___ no	Golpeas ___ sí ___ no
	Ofendes ___ sí ___ no	Intimidas ___ sí ___ no
	Dices palabras soeces ___ sí ___ no	
	Te sales de control ___ sí ___ no	
	Te vas de la habitación ___ sí ___ no	
	Te vuelves silencioso ___ sí ___ no	
	Amenazas ___ sí ___ no	
(Mujer)	¿Cómo es tu actitud cuando tu pareja hace algo que no te agrada?	
	Gritas ___ sí ___ no	Golpeas ___ sí ___ no
	Ofendes ___ sí ___ no	Intimidas ___ sí ___ no
	Dices palabras soeces ___ sí ___ no	
	Te sales de control ___ sí ___ no	
	Te vas de la habitación ___ sí ___ no	
	Te vuelves silencioso ___ sí ___ no	
	Amenazas ___ sí ___ no	

Declaración:

Decido cambiar mi actitud negativa y asumir una actitud amable en el trato con mi pareja y con los demás. Hoy decido que mi actitud será del que ama y mostrará lo que significa "cuánto la amo".

Tolerancia (capacidad de soportar)

> *"Todo lo sufre, todo lo cree, todo lo espera, todo lo soporta"* (1 Corintios 13:7).

Tolerancia proviene de *anéjomai*; sostenerse uno mismo, soportar, aguantar, padecer, sufrir, tolerar (*Concordancia Strong*). La palabra encierra la idea de perseverar, tolerar, condenar, aguantar, mantenerse en pie y no perder el valor cuando se está bajo presión.

Muchas veces, en el matrimonio hay que perseverar en un sin número de detalles que hay alrededor y dentro del matrimonio: tolerarnos en amor, soportar sin ofender, mantenerse en pie aunque sientas que todo está al revés, o no perder el control cuando estás bajo presión (yo diría cuando estás tan molesto que si te tocan, revientas). Cuando aprendemos a soportarnos, Dios envía algo maravilloso: la paz que sobrepasa todo entendimiento. Solo cuando decidimos soportarnos en amor, poniendo por obra lo que a Dios le agrada y no dándole rienda suelta a nuestros deseos, sino matándolo y haciendo germinar la semilla de su Palabra en nosotros, seguimos soportando a nuestro cónyuge sin murmurar.

Examina tu capacidad de soportar...		
	¿Qué cosas no soportas de tu pareja? ¿Qué no puedes aguantar o tolerar?	*¿Qué hace que te pongas nervioso, intranquilo o desesperado?*
(Hombre)	1)	1)
	2)	2)
	3)	3)
(Mujer)	*¿Qué cosas no soportas de tu pareja? ¿Qué no puedes aguantar o tolerar?*	*¿Qué hace que te pongas nervioso o desesperado?*
	1)	1)
	2)	2)
	3)	3)

Declaración:

Hoy mi vida toma un nuevo giro. Declaro que todo lo soporto en mi matrimonio en Cristo Jesús, que me mantengo en fe y de pie en todo tiempo. Amén.

Confianza

"Porque solo tú, Jehová, me haces vivir confiado" (Salmos 4:8).

"Aunque contra mí se levante guerra yo estaré confiado" (Salmos 27:3).

Confianza procede de *peídso*: convencer; pacificar o conciliar (por otro medio legítimo); asentir (a la evidencia o autoridad), descansar, persuadir, persuasión, seguro, asegurar, sentir, confianza, confiar, creer, dar (*Concordancia Strong*). Es un derivado del verbo *confiar* que significa estar convencido, estar confiado, confiar. En su uso transitivo significa prevalecer, inducir un cambio de mentalidad por medio del uso de argumentos.

Cuando leo esto, entiendo más que nuestra confianza está puesta en Dios, prevalecemos en Él y tenemos un cambio de mentalidad de acuerdo a su Palabra. Ella es quien nos transforma. Cuando no te sientas seguro en tu matrimonio, no importa la guerra que tengas en tu matrimonio, en Dios estás confiado. Cuando te sientas inquieto por algo y venga la desconfianza, solo piensa en aquel en quien tú prevaleces, quien te sostiene y en quien tienes que confiar: se llama Jehová. Tu confianza está en Él.

Revisa tus niveles de confianza...	
(Hombre)	*¿Qué acción te hace desconfiar de tu esposa?*
	1)
	2)
	3)
(Mujer)	*¿Qué acción te hace desconfiar de tu esposo?*
	1)
	2)
	3)

Declaración:

Hoy tomo la decisión de confiar en Dios y no en el hombre. Mi confianza está en Él y decido sacar de mí la desconfianza, en el nombre de Jesús. Amén.

Honestidad

> *"Por lo demás, hermanos, todo lo que es verdadero, todo lo* honesto*, todo lo justo, todo lo puro, todo lo amable, todo lo que es de buen nombre; si hay virtud alguna, si algo digno de alabanza, en esto pensad"* (Filipenses 4:8, énfasis añadido).

> *"...las palabras del hombre honrado son una fuente de vida"* (Proverbios 10:11,TLA).

Honestidad viene de *semnós*; venerable, honorable, serio, honesto (*Concordancia Strong*). Es un comportamiento que es digno, honorable, decente y respetuoso, hasta el punto de ser reverente.

La honestidad es una cualidad de calidad humana que consiste en comportarse y expresarse con coherencia y sinceridad (decir la verdad), de acuerdo con los valores de verdad y justicia. Se trata de vivir de acuerdo a como se piensa y se siente. Si tú estás lleno de la verdad de Cristo, tu pensamiento y tus sentimientos irán en el orden de Dios. En su sentido más evidente, la honestidad puede entenderse como el simple respeto a la verdad, los hechos y las personas; en otros sentidos, la honestidad también implica la relación entre el sujeto y los demás, y del sujeto consigo mismo.

Debemos esforzarnos como matrimonio y siempre andar en verdad y honestidad. Las mentiras siempre saldrán a la luz; la honestidad es transparencia. Cuando somos honestos, la luz de Cristo brilla porque hay verdad y las tinieblas se disipan cuando la verdad sale a la luz. Declaro sobre tu matrimonio honestidad, verdad, transparencia. Comienza desde hoy a llenar tu casa con la verdad.

Examina tu capacidad para ser honesto (a)...	
(Hombre)	*¿Se te hace difícil ser honesto? ___ sí ___ no*
	¿Por qué no puedes ser honesto con tu esposa?
	1)
	2)
(Mujer)	*¿Se te hace difícil ser honesta? ___ sí ___ no*
	¿Por qué no puedes ser honesta con tu esposo
	1)
	2)

Declaración:

Mi vida se llena de verdad y honestidad. Cancelo la mentira en mi matrimonio. Hago pacto con Dios en que de mí siempre saldrá la verdad, pues la verdad trae luz y transparencia a nuestras vidas. Amén.

Amor

"El amor es paciente, es bondadoso; el amor no tiene envidia; el amor no es jactancioso, no es arrogante; no se porta indecorosamente; no busca lo suyo, no se irrita, no toma en cuenta el mal recibido; no se regocija de la injusticia, sino que se alegra con la verdad; todo lo sufre, todo lo cree, todo lo espera, todo lo soporta" (1 Corintios 13: 4-7, BDLA).

Amor proviene de *agápe*; amor, afecto o benevolencia; festín de amor; amado (*Concordancia Strong*) Es una palabra a la que el cristianismo le dio un nuevo significado; *ágape* denota una invencible benevolencia y una irreductible buena voluntad, que siempre busca el bien de la otra persona, no importa lo que esta haga. Es el amor sacrificial que da libremente sin pedir nada a cambio. Es un amor que se ofrece conscientemente.

¡Cómo tenemos que desaprender para aprender nuevamente! Muchas veces en el matrimonio damos según recibimos, o decimos: "No hago esto, porque él no hace nada por mí. No le digo nada amoroso porque él nunca me lo dice a mí, no soy cariñosa porque él nunca me da amor, solo cuando quiere sexo, etcétera".

Nada de esto es amor. Decimos que amamos, pero en realidad hay una lucha entre ambos. "Si tú me das, yo te doy; si no me das, no te doy". Eso no es amor. El amor verdadero comienza a dar con todo el corazón, te entregas, das sin esperar que esa persona te felicite, das para que el amor crezca, das para que esa persona entienda que aunque no tengas estos detalles, te demuestro que te amo. Esto llevará a tu matrimonio a que esta otra persona aprenda a tener detalles. Enséñale tú, comienza tú. Nunca es tarde para demostrar el amor verdadero. Ya basta de vivir una vida tratando. Acciona ahora en amor, no por él, por ti, para dar lo mejor de ti. El amor que Dios nos da para nuestra pareja es tierno, sensible, cariñoso, te deleitas en servir. Sabemos que a veces tenemos nuestros momentos, pero cuando te sientas un poco indispuesta, solo dile: "Amor, hoy necesito comprensión, no estoy tan dispuesta". ¡Qué bien se escucha! Él entenderá.

Esposo, aunque llegues tarde y cansado del trabajo, besa a tu esposa antes de comenzar a pedir y a exigir. Piensa en ella, no en ti. Dale amor, sírvele también. Pregúntale: "Amor, ¿quieres algo?". Solo el detalle la hará sentirse amada. Dale las gracias cuando te atienda bien y con cortesía. Eso le da a demostrar que lo que ella hace te agrada. Demuéstrale que la amas. Hay hombres que sienten que si muestran amor se verán débiles. ¿Sabes? A las mujeres nos gusta mucho el hombre de carácter, el hombre de detalles, el hombre que es sensible, que llena la casa con su presencia, porque en él hay amor. Comparte con tu familia, deja de ser tú para ser de ella. Eso te hará un hombre de valor y de amor.

	¿Cómo expresas tu amor a tu pareja?
(Hombre)	¿Das amor sin esperar nada a cambio? ___sí ___no
	¿Se te hace difícil demostrar amor? ___sí ___no
	¿Eres detallista con tu esposa? ___sí ___no
	¿Qué te gustaría que tu esposa hiciera para demostrarte amor?
	1)
	2)
(Mujer)	¿Das amor sin esperar nada a cambio? ___sí ___no
	¿Se te hace difícil demostrar amor? ___sí ___no
	¿Eres detallista con tu esposo? ___sí ___no
	¿Qué te gustaría que tu esposo hiciera para demostrarte amor?
	1)
	2)

Declaración:

Mi vida desde hoy cambiará. Ya no pensaré en lo que me hace feliz a mí, sino en lo que hace feliz a mi pareja. Vivo para hacerla feliz, siempre busco el bien para mi pareja, mi felicidad está en verla feliz, me doy por completo y no a medias. [Esposo] Seré feliz amándola como Cristo ama a la Iglesia. [Esposa] Me someteré a mi esposo así como me someto al Señor. Amén.

El manejo adecuado del enojo

"No des lugar al enojo ni te dejes llevar por la ira; eso es lo peor que puedes hacer" (Salmos 37:8 TLA).

"El sabio domina su enojo; el tonto no controla su violencia" (Proverbios 14:29 TLA).

"Quien se enoja fácilmente entra en pleito, quien mantiene la calma mantiene la paz" (Proverbios 17:18 TLA).

"Quien fácilmente se enoja sufrirá las consecuencias; no tiene caso calmarlo, pues se enciende más su enojo" (Proverbios 19:19 TLA).

Enojo viene de *af*: ira, airar, aliento, enojar, enojo, furor, indignación, ira, iracundo; y de *anáf*: respirar fuertemente, estar enfurecido; airarse, estar enojado, enojarse, indignarse, matar (*Concordancia Strong*).

De acuerdo al Diccionario Manual de la Lengua Española Vox, *enojo* es un sentimiento que una persona experimenta cuando se siente contrariada o perjudicada por otra o por una cosa, como ante una falta de respeto, una desobediencia o un error; enfado.

Cuando nos enojamos, muchas veces no podemos pensar porque nuestro enojo ha cegado todo. El enojo es un sentimiento que, cuando lo dejamos apoderarse, no es moldeable; es como un fuego que no para hasta llegar a causar estragos. Cuando no podemos controlarnos, el enojo nos lleva a decir y a hacer cosas que no debemos porque no lo estamos haciendo sabiamente; estamos dejando que el alma desborde todo lo que tiene adentro. El enojo es como un veneno que entra y daña todo tu corazón. Es el enemigo mortal del matrimonio y el ladrón más común del amor. Tristemente, la mayoría de los matrimonios nunca ha aprendido a manejar adecuadamente el enojo. Debemos reconocer que no es sencillo ni fácil hacerlo. Es necesario reconocer que la dificultad que esto implica no quiere decir que no podamos alcanzar a practicar una forma madura de hablar en medio de una situación de enojo con nuestro cónyuge.

Primero, tienes que saber por qué estás enojado. Segundo, exprésalo y no te quedes callado esperando a que tu pareja se mate adivinando por qué estás enojado y buscándote la vuelta. ¡Eso desespera! No le faltes el respeto, aún cuando estés enojado. Siempre busquen la solución y la reconciliación entre ambos, pues luego de un enojo se quedan cositas en nuestro corazón. El sentimiento de enojo puede hacernos creer que en ese momento no amamos a nuestra pareja; por eso es importante que se abracen y se muestren afecto. A mí me ha pasado que me he enojado tanto que he estado todo el día con ese enojo solo porque no concluí con un abrazo, y se me quedó eso por dentro. Hay que sellar todo con amor, amados.

Pregúntate:
(Hombre)
¿Qué ha hecho o hace tu pareja que hace que te enfades de tal forma que no puedes controlarte?
1)
2)

Cuando te enojas, ¿hablas con tu pareja, lo expresas o te quedas callado?

_____

¿Hablas o gritas?

_____

¿Eres fácil de convencer o eres de rogar?

_____

¿Conversas civilizadamente o haces un berrinche?

_____

¿Le has pegado a tu pareja cuando estás molesto?

_____

¿Tiendes a decir palabras hirientes?

_____

¿Sabes pedir perdón? Cuando estás equivocado, ¿lo aceptas?

_____

¿Recibes el perdón de tu pareja inmediatamente o te quedas tres horas molesto?

_____

Cuando terminas de dialogar, ¿abrazas a tu pareja o solo sigues caminando?

_____

(Mujer)
¿Qué ha hecho o hace tu pareja que hace que te enfades de tal forma que no puedes controlarte?
1)
2)

Pregúntate:

Cuando te enojas, ¿hablas con tu pareja, lo expresas o te quedas callada?

_____

¿Hablas o gritas?

_____

¿Hablas o gritas?

_____

¿Eres fácil de convencer o eres de rogar?

_____

¿Conversas civilizadamente o haces un berrinche?

_____

¿Le has pegado a tu pareja cuando estás molesta?

_____

¿Tiendes a decir palabras hirientes?

_____

¿Sabes pedir perdón? Cuando estás equivocada, ¿lo aceptas?

_____

¿Recibes el perdón de tu pareja inmediatamente o te quedas tres horas molesta?

_____

¿Recibes el perdón de tu pareja inmediatamente o te quedas tres horas molesta?

_____

Cuando terminas de dialogar, ¿abrazas a tu pareja o solo sigues caminando?

_____

Declaración:

Hoy delante de Dios, cancelo el enojo en mí. Hoy he decidido, por mi propio bienestar y el de mi pareja, que controlaré mi enojo, hablaré de forma gentil, no diré palabras hirientes y no le faltaré el respeto. Jamás volveré a levantar la mano a mi pareja (si aplica), pediré perdón si es necesario, y terminaré el conflicto en paz y en amor. En el nombre de Jesús, amén.

Más allá del enojo…reacciones correctas ante un conflicto

"El que cuida lo que dice protege su vida; el que solo dice tonterías provoca su propia desgracia" (Proverbios 13:3 TLA).

"Las palabras amables son como miel: endulzan la vida y sanan el cuerpo" (Proverbios 16:24 TLA).

"Si comienzas una pelea, ya no podrás controlarla; es como un río desbordado, que arrasa todo a su paso" (Proverbios 17:14 TLA).

Los conflictos son normales en la vida matrimonial. Cuando enfrentamos esos momentos de conflicto, muchas veces el temperamento de ambos fluye de la forma equivocada. Lo más importante es cómo vamos a reaccionar de ahora en adelante. Te contaré que yo era una persona con un carácter fuerte y por cualquier cosa salía molesta, gritando y armando berrinches. Aunque mi esposo siempre ha sido más tranquilo, con algunas palabras lograba ponerme más furiosa y su calma me desesperaba aún más, como por ejemplo su "ajá" "sí, claro" "Mjum". Me ponía mal, hasta que aprendí esto y lo llevé a cabo.

Cuando algo te moleste al punto de no soportarlo, recuerda que la Palabra dice en Proverbios 18:21: *"La lengua tiene poder para dar vida y para quitarla, los que no paran de hablar sufrirán las consecuencias"* (TLA). Entendí que yo sufriría las consecuencias por lo que hablaba, fuera bueno o malo. Escucha antes de hablar, escucha con atención, no por obligación, ten paciencia para hablar, piensa antes de decir algo, no señales ni acuses, no uses estas frases: "Tú esto", "Tú lo hiciste", "Tú me dijiste". Quita de tu vocabulario el "tú". Por ejemplo: "Tú siempre me gritas" podrías decirlo de esta manera: "¿Podrías bajar el tono de voz, para poder entendernos mejor?"

Cuando señalamos, tendremos que escuchar alguna reacción negativa porque la otra persona siempre tratará de defenderse. ¿Cómo? Tirándote a ti. No lo critiques, no uses expresiones como las que mi esposo decía antes: "Ah, ¿sí?", "Ajá", "Claro", "¿Sí? ¡No me digas!". No hagan una lucha de quién puede soportar más. Eso no conducirá a nada y pasaran más tiempo forcejeando quién es el que saldrá vencedor.

Cuando yo quiero decirle a mi esposo algo que me molesta,

le digo antes: "Tenemos que hablar". Ya él sabe que es algo importante para mí y necesito atención. Nos vamos al cuarto, nos sentamos y yo explico la situación de forma amable, sincera, transparente, sin ofender ni decir nada que lo exalte, siempre exponiéndolo de esta forma. "Amor, yo me siento mal por esto, me gustaría que tal cosa cambiara, necesito por favor que si puedes cambies esta actitud que me incomodó". ¿Ves la diferencia? Luego él me contesta igualmente cortés. No te niego que a veces no todo es calma, pero aunque podamos enojarnos un poco, siempre tratamos de no faltarnos el respeto y quedarnos en el orden de Dios.

El esposo y la esposa, ambos por igual, tienen que estar sometidos a Dios para realizar una comunicación perfecta en Dios y una relación divina. Oren antes de tener una conversación profunda, entrégale tus palabras a Dios para que todo lo que salga de tu boca sea dirigido por el Espíritu Santo y Él tome el control.

Epílogo:

SÉ PARTE DEL REMANENTE CASADO Y FELIZ

Por Reynaldo Santiago

A L LEER ESTE libro has podido darte cuenta de los estragos del pecado y de los errores que cometemos los hombres y mujeres en nuestro matrimonio y nuestra familia. En ocasiones, no nos damos cuenta de que cada decisión que tomamos y cada conducta que asumimos afecta fuertemente nuestra vida inmediata, nuestras emociones, la salud, las finanzas y nuestro futuro, a corto y a largo plazo. Mayor aún es el daño sicológico y emocional que provocamos en nuestros hijos sin saberlo, entenderlo y aunque no tengamos la intención.

Pero Normi y yo somos testigos y testimonio de que si te atreves a creer y te sometes a Dios, Él se levantará de su trono, acudirá a tu llamado, sanará tus heridas, te restaurará, y tu vida y tu matrimonio jamás serán iguales. Date la oportunidad, atrévete a creer y a vivir a través de la Palabra. Tu cónyuge, tus hijos y hasta tú mismo lo agradecerán.

Las estadísticas mundiales muestran que un 70% de los matrimonios terminan en divorcio. El divorcio se ha convertido en algo muy normal en nuestra sociedad. Ya la gente entra al matrimonio con el pensamiento de que "si no me va bien, me divorcio", y esto incluye a los cristianos. De cada diez matrimonios, siete se divorcian y solo tres se mantienen en el compromiso con su pacto. Es algo terrible.

Como si eso fuera poco, observamos los divorcios silenciosos de los cuales nadie se entera, pues la pareja decide mantener en secreto que duermen separados y que no se hablan dentro de la casa, mientras afuera mantienen una apariencia de que todo está bien. Unos lo hacen por conveniencia, otros por imagen pública, por mantener un estatus económico y social, o por no enfrentarse a la sociedad. Por dentro se están muriendo como personas y como matrimonios. Todo esto se manifiesta en una sociedad donde cada cual piensa en sí mismo y no le importa el sufrimiento de otros. Se están perdiendo la sensibilidad, el compromiso y el respeto por los demás, y estamos viendo el deterioro social y familiar como nunca antes. Los niños crecen solos; no tienen un padre a tiempo completo que les enseñe valores, compromiso y respeto. Vemos jóvenes matándose unos a otros e incluso matando a inocentes sin respeto alguno, anhelando que alguien les haga caso y queriendo llamar la atención y sentirse importantes, aunque sea haciendo lo malo.

No te hagas parte de ese porcentaje. Determínate a luchar por tu matrimonio, para que tu familia y tus hijos tengan a un padre y a una madre presentes, que les puedan enseñar los valores, compromiso y el respeto a los demás. Defiende a los tuyos para que a través de la Palabra de Dios y de tu modelaje, puedan conocer su identidad en el amor de Jesús, y que nadie los engañe con mentiras, pues ya ellos conocen la verdad. El matrimonio fue instituido por Dios y es la base de la sociedad. Es muy importante que el matrimonio prevalezca dentro de la iglesia porque si los matrimonios están firmes y en compromiso con Dios y con su pareja, tendremos y mantendremos iglesias saludables y en modelaje a la sociedad.

Tenemos que ser ese remanente, ese 30% que el mundo y nuestro país necesita. Tenemos que ser de los que arrebatan, permanecen, luchan, conquistan y se mantienen firmes en el matrimonio, la familia y en el pacto que hicimos ante Dios. Tenemos que ser responsables con la heredad que Él nos entregó: nuestros hijos.

En el libro de Abdías 1:17 dice: *"Mas en el monte de Sión habrá un remanente que se salve; y será santo, y la casa de Jacob recuperará sus posesiones"*.

Hemos visto cómo en momentos difíciles donde han ocurrido desastres naturales en alguna parte del mundo como huracanes y terremotos, uno de los servicios básicos como el agua potable es suspendido, ya sea por protección en la calidad o por alguna ruptura. Pero cuando abrimos la llave, el grifo o la pluma del agua, como decimos en Puerto Rico, nos damos cuenta de que siempre quedan algunas gotas que son los remanentes del agua que solía salir en abundancia. Así mismo pudo haber ocurrido en la relación de tu matrimonio. Quizás pasó por una tormenta o por un terremoto emocional que quiso destruirte a ti, a tu cónyuge y a tus hijos, pero todavía estás de pie.

Hoy te digo: Date la oportunidad, no te rindas, fortalécete en Dios y en su Palabra. Todavía está ese remanente que siempre queda en la llave. Recuerda, busca esa chispa que fue lo que te enamoró de tu pareja. Eso que fue lo que para ti la separó de las demás, lo que te deslumbró y te enamoró. Se te olvidó cuidarla y abonarla.

Así como una planta se puede marchitar, secar y morir si no la cuidan adecuadamente echándole agua y fertilizante, nuestra relación matrimonial puede deteriorarse a tal punto que sintamos que ya la relación está seca y ha muerto. Así lo creíamos mi esposa y yo en un momento, pero todavía había un remanente que estaba disponible para nosotros. Después de muchas peleas, discusiones y tres años de separación, casi al punto de divorciarnos, pudimos encontrar nuestro remanente a través de nuestro compromiso con Dios y obedeciendo su Palabra. Sé que no has querido llegar a este punto en el que te encuentras y estás perdiendo tu matrimonio o tratando de que sobreviva. Tal vez por los afanes de la vida descuidaste tu matrimonio y piensas que ya se marchitó y se acabó, cuando realmente no es así. Lo que necesita es el cuidado especial, las palabras de amor genuino, que riegues esa flor que ya está casi marchita para que pueda germinar y volver a ser esa flor bella que un día fue. Necesitas hacer un compromiso de vida y renovar el pacto que hiciste con tu cónyuge ante Dios.

Estás a tiempo y empezaré hablando con el sacerdote del hogar y lo que la Palabra dice sobre el hombre.

Col 3:19: *"Maridos, amad a vuestras mujeres, y no seáis ásperos con ellas"*.

Efe 5:28: *"Así también los maridos deben amar a sus mujeres como a sus mismos cuerpos. El que ama a su mujer, a sí mismo se ama"*.

1 Ti 3:12: *"Los diáconos sean maridos de una sola mujer, y que gobiernen bien sus hijos y sus casas"*.

1 Pe 3:7: *"Vosotros, maridos, igualmente, vivid con ellas sabiamente, dando honor a la mujer como a vaso más frágil, y como a coherederas de la gracia de la vida, para que vuestras oraciones no tengan estorbo"*.

Efe 5:25: *"Maridos, amad a vuestras mujeres, así como Cristo amó a la iglesia, y se entregó a sí mismo por ella"*.

Como dice un viejo refrán: "más claro no canta un gallo".

Ahora le toca el turno a las mujeres.

Efe 5:22: *"Las casadas estén sujetas a sus propios maridos, como al Señor"*.

Efe 5:24: *"Así que, como la iglesia está sujeta a Cristo, así también las casadas lo estén a sus maridos en todo"*.

Tit 2:4-5: *"que enseñen a las mujeres jóvenes a amar a sus maridos y a sus hijos, a ser prudentes, castas, cuidadosas de su casa, buenas, sujetas a sus maridos, para que la palabra de Dios no sea blasfemada"*.

1 Pe 3:1: *"Asimismo vosotras, mujeres, estad sujetas a vuestros maridos; para que también los que no creen a la palabra, sean ganados sin palabra por la conducta de sus esposas"*.

1 Pe 3:5: *"Porque así también se ataviaban en otro tiempo aquellas santas mujeres que esperaban en Dios, estando sujetas a sus maridos"*.

Col 3:18: *"Casadas, estad sujetas a vuestros maridos, como conviene en el Señor"*.

Disculpen, mujeres, pero eso es lo que dice la Palabra de Dios acerca de los maridos y las casadas en su relación matrimonial. Si vivimos de esta manera, hombre, mira lo que dice la Palabra que será tu mujer:

Sal 128:3: *"Tu mujer será como vid que lleva fruto a los lados de tu casa; tus hijos como plantas de olivo alrededor de tu mesa. Serás un hombre más que bendecido. Y mira mujer como dice la palabra de la mujer agraciada y virtuosa"*.

Pro 11:16: *"La mujer agraciada tendrá honra, y los fuertes tendrán riquezas.*

Pro 31:10: *"Mujer virtuosa, ¿quién la hallará? Porque su estima sobrepasa largamente a la de las piedras preciosas".*

Pro 31:11-12: *"El corazón de su marido está en ella confiado, y no carecerá de ganancias. Le da ella bien y no mal todos los días de su vida".*

Pro 31:25-26: *"Fuerza y honor son su vestidura; y se ríe de lo por venir. Abre su boca con sabiduría, y la ley de clemencia está en su lengua".*

Pro 31:28-31: *"Se levantan sus hijos y la llaman bienaventurada; y su marido también la alaba: Muchas mujeres hicieron el bien; mas tú sobrepasas a todas. Engañosa es la gracia, y vana la hermosura; la mujer que teme a Jehová, ésa será alabada. Dadle del fruto de sus manos, y alábenla en las puertas sus hechos".*

¿Por qué te escribo tanta Palabra? Porque fue lo único que nos ayudó a nosotros. Podríamos decirte que hagas caso a nuestras palabras y lo estamos haciendo en este libro, pero a final de cuentas es la Palabra de Dios la que tiene el poder para cambiar al hombre. Nosotros solo somos un matrimonio que decidimos creer y obedecer a Dios y a su Palabra, y damos fe del resultado de nuestra obediencia.

Hoy disfrutamos de un matrimonio unido como nunca antes y de un amor fuerte y maduro. Nuestros hijos tienen la estabilidad emocional que antes no tenían y son jóvenes felices, universitarios, adoradores y agradecidos de Dios. Ya tienen un padre presente, es más, les cuento que ahora hablan más conmigo y todo me lo consultan. A veces, su madre se pone medio celosita. Ya mi esposa puede descansar tranquila, pues tiene un esposo que es sacerdote y la cuida y vela por ella, además de estar pendiente de sus hijos y de su bienestar emocional y económico.

Les cuento que mi hija Alondra también asiste a la iglesia junto a su madre y es parte de todo lo que hacemos en el ministerio. Mis padres, al ver nuestro testimonio, también se convirtieron al Señor y Dios restauró su matrimonio. Mi hermano Ricky también llegó a los pies de Jesús y tiene un ministerio tocando el *Shofar*. En mí se cumplió la Palabra del libro de Josué 24:15: *"Pero yo y mi casa serviremos a Jehová"*. Somos una familia más que bendecida, porque dejamos entrar a Jesús en nuestras vidas y Él nos enseñó el camino a través de su Palabra.

Hoy tú también tienes la oportunidad de transformar tu vida. Atrévete a creer y deja que Jesús te enseñe el camino. Él es el camino, la verdad y la vida. Entrégale tu vida, tu matrimonio y tu familia a Él, sométete a su Palabra y verás cómo toda tu vida en desorden y maldición se transformará en una vida de bendición y abundancia en el orden de Dios. Tu esposa, tus hijos, tu familia y Jesús esperan por ti.

La siguiente es la letra de la canción que Reynaldo Santiago escribió, compuso, produjo y grabó junto a su esposa Norma cuando volvió junto a ella.

Como un sello

Mi amor, después de tantas situaciones
Solo Dios puede hacer estas cosas
Sí, mi amor, las promesas de Dios siempre se
    cumplen
¡Gloria a Dios!

El amor que hay entre tú y yo es más fuerte
    cada día
El amor que hay entre tú y yo se renueva día
    a día

Porque las muchas aguas no podrán apagar
    este amor
Que hay entre tú y yo porque fue Dios quien
    nos unió

CORO

Ponme como un sello en tu corazón, en tu
    corazón
Y yo, oh, oh, oh, oh, también lo haré
Como un pacto con nuestro Dios

Así yo lo haré, así también yo lo haré
Para permanecer siempre juntos
Tú y yo

Yo sé que en el pasado, te hice daño, vida
  mía
Pero Dios llegó a mi vida y rompió mi
  maldición

Lo sé y soy testigo de tu restauración
Y hoy estamos juntos porque el Señor lo
  prometió

CORO
Ponme como un sello en tu corazón, en tu
  corazón
Y yo oh, oh, oh, oh, también lo haré
Como un pacto, con nuestro Dios
Así yo lo haré, así también yo lo haré
Así yo lo haré, así también yo lo haré
Así yo lo haré, así también yo lo haré
Para permanecer siempre juntos
Tú y yo

Cuántas lágrimas en el proceso
Pero vimos la promesa de Dios
Sí, mi amor porque el Señor
Lo prometió.

DATOS DE LOS AUTORES

Reynaldo Santiago

Reynaldo Santiago, natural de Bayamón, Puerto Rico, es un predicador, cantante, compositor y productor de trayectoria internacional, ganador de premios Grammy. En el área académica, tiene un grado asociado en mercadeo y es corredor licenciado de bienes raíces. De niño, era un talentoso pelotero, pero su habilidad musical le habló más de cerca, convirtiéndose a los diecinueve años en un cantante de proyección internacional. Como integrante de los famosos grupos Zona Roja y Grupo Manía en la década de los noventa, viajó el mundo y obtuvo grandes victorias en la música en el mundo latino.

Conoció la gloria de la fama extrema, las riquezas y la idolatría, pero Dios tenía otros planes para Rey. Mientras su matrimonio y su familia se destruían a causa de su adulterio, Dios lo acosó hasta que lo rescató para Él. "Chino", como se le conoce en el mundo artístico secular, aceptó el llamado con firmeza, se sometió al Señor, se dedicó a ser discipulado como ministro y comprometió su corazón y sus fuerzas a ganarse de nuevo el amor y el respeto de su esposa Norma y de sus hijos.

Hoy, Reynaldo Santiago, dirige su propia empresa productora, Transparencia Music. Ha realizado tres producciones discográficas: "Transparencia", "Me enamoré" y "De viaje…camino al cielo", la más reciente. Su obra ministerial, bajo el nombre *Reynaldo y Norma Santiago Ministries*, combina su talento musical con su unción como ministro y predicador de la Palabra de Dios. Junto a su esposa Norma recorre el mundo ministrando, compartiendo su testimonio de victoria y ayudando a restaurar vidas, matrimonios y familias. Ambos son ministros bajo la cobertura del apóstol Guillermo Maldonado y pastorean la iglesia Casa de Adoración Su Majestad Jesús en Vega Alta, Puerto Rico.

Norma Rivera de Santiago

Norma Rivera de Santiago es una ministro de Dios, nacida en Caguas, Puerto Rico. Desde muy joven tenía aptitudes musicales que la llevaron a conocer al amor de su vida y esposo hace 21 años, Reynaldo Santiago. Aceptó a Jesucristo como su Salvador en medio de una crisis matrimonial de adulterio que parecía no tener final. Norma encontró la victoria en la Palabra de Dios, librando poderosamente una guerra espiritual que no solo restauró su familia, sino le mostró su propósito de vida. Inspira a otras mujeres a través de su Ministerio Mujeres de Autoridad y Poder, acompaña a su esposo en su ministerio internacional y comparte con él la cobertura ministerial del apóstol Guillermo Maldonado.

Norma tiene un grado asociado en Capellanía ("Federal Police Chaplain") y cursó estudios de Teología Bíblica en la Universidad Pentecostal Mizpa. También desarrolla un negocio de aceites de ungir, M'Shajby D'God.

Reynaldo y Norma Santiago tienen tres hijos: Shahaelyn, Reynaldo Jr. y Alondra. Shahaelyn y Rey comparten su testimonio y la Palabra de Dios ante grupos de jóvenes. Reynaldo Jr., a menudo, ministra y canta junto a su papá, y pronto lanzará su primera producción discográfica.

Puede contactar a Reynaldo y Norma Santiago a través de: reynaldoynormaministries@gmail.com, llamando al teléfono 787-530-7207 o por Twitter/reynaldoynorma y Faceboook/reynaldoynorma.

Para información sobre las producciones discográficas,
contacte transparenciamusic@gmail.com.

M'Shajby D'God

Una de las estrategias de Norma Santiago en la batalla para arrebatar a su esposo para Dios fue ungir las pertenencias de él. Hace seis años, ella tuvo un sueño donde creaba una línea de aceites y jabones, y una profetisa confirmó ese sueño. Desde hace dos años, Reynaldo y Norma Santiago tienen la empresa de producción de aceites de ungir M'Shajby. Estos aceites de ungir deben su excelente calidad a tres factores únicos:

- **Son traídos de Jerusalén**
- **Son 100% puros hechos con casia, hisopo, nardos y mirra**

Norma los elabora con esmero, consciente del significado espiritual del aceite y del propósito transformador de impartir unción aplicando aceite. La palabra *M'Shaj*, marca de los aceites de ungir, proviene de la palabra "unción" en arameo. Significa "frotado con aceite, ungir, consagrar para un propósito". Cada aceite tiene un propósito, según su ingrediente principal.

- **Hisopo - purificación**

- **Mirra - guerra espiritual**

- **Casia - humillación**

- **Nardo - adoración y santidad**

Desde hace siglos, el nardo se considera la evocación del perfume del Jardín del Edén y se distinguía por tener un perfume exquisito. En el Cantar de los Cantares de la Biblia aparece como símbolo de la naturaleza íntima del amor de una desposada. Luego el nardo se convirtió en símbolo de revelación cuando Jesucristo fue ungido con perfume de nardos.

La mirra, en el Cantar de los Cantares, está asociada con feminidad y con el misterio de la noche. Desde entonces se cree que promueve la consciencia espiritual, lo cual se relaciona con el detalle de que fue uno de los obsequios que los sabios llevaron al niño Jesús.

El hisopo se consideraba una hierba sagrada, utilizada para purificación. Durante siglos la utilizaban los sacerdotes para bendecir.

La casia es uno de los ingredientes principales del aceite sagrado de ungir, según Éxodo 30.

Una variante de los aceites de ungir es el aceite preparado como "balm", para que puedas llevarlo a todas partes sin riesgo a que se derrame y manche tu ropa.

Otros productos de la línea M'Shajby D'God son los jabones elaborados a base también de los aceites 100% puros de casia, hisopo, mirra y nardos traídos de Jerusalén, junto con otros ingredientes ultrahidratantes para proteger la piel.

Para los labios, tanto de él como de ella, tenemos los "lip balms". Se deslizan suavemente con la ayuda de siete aceites humectantes, manteniendo el balance natural de la humedad de los labios. Cada "lip balm" tiene un hermoso versículo bíblico de diez versículos escogidos para nuestro producto, en azul para los chicos y en fucsia para las chicas.

Estos productos de excelente calidad se distribuyen en Puerto Rico, Florida, América Latina y Curazao. Para adquirirlos puede llamar a Norma Santiago al 787-533-7749.